Example is better than precept

Lawより証拠

ロウヨリショウコ

エビデンサー evidencer
平塚俊樹
Toshiki Hiratsuka

SOGO HOREI PUBLISHING CO., LTD

思ってもみなかった方法で、どんな事件もすべて合法的に解決するすごい男が日本にいた！

Example is better than precept

平塚俊樹は「証拠調査士（エビデンサー）」である。
アメリカでは「プライベートアイ」、
中国では「偵察員」と言われる人たちの仕事がそれに近いものなのだが、日本ではまだ彼しかいない。

トラブルに遭っても、警察にも弁護士にも相手にされず、途方に暮れている人の数は多い。

そんなときこそ、エビデンサーの出番である。

彼は、これまで数千件にも上るあらゆるトラブルを解決へと導いてきた。


本書でご紹介した案件は、これまで彼が扱ってきたものの中から選りすぐったものであり、すべて実話である。

関係者のプライバシーに配慮し、人物が特定できないような処理をしているが、ほぼすべて実際に起こったものである。


これらは、いつ何時、あなた自身に降りかかってくるかもしれないものばかりなのである。

そこでは、皆さんが初めて知る事実がとても多いことに驚かれるであろう。

そしてあらゆる意味でこれまでの常識を覆すものである。

今回、皆さんはこれまでほとんど知られることのなかったエビデンサーの仕事を知ることになるだろう。

Law より証拠――もくじ

第1章　弱者を踏みにじる悪徳弁護士を斬る！
——交通事故の被害者が訴えられる？

第2章　お年寄りの財産を狙う「悪いやつら」
――老いた親の口座から一〇〇〇万円が消えていた！

第3章　騒音トラブル
——早朝六時半からピアノを弾く子供

第4章 「彼氏」に金をだまし取られたOL
——借金返済に必要だと言われ……

第5章 買い物トラブル
——「当店は絶対に不良品は扱いません」という店で

第6章　カード詐欺
――六〇〇万円の買い物で一六〇〇万円引き落とされた！

その2　集団ストーカー

第12章 不動産賃貸トラブル
――いきなり「出て行け」と言われて

装　丁　冨澤崇（EBranch）

第1章

弱者を踏みにじる悪徳弁護士を斬る！

——交通事故の被害者が訴えられる？

交通事故の被害者が訴えられる？

「もう平塚さんしか頼れません。助けて下さい！」

あるとき、切羽詰まった様子の電話がかかってきた。

少し声を震わせながら話しをするのは、女子大生のMさん。

ある事故に遭ってしまい、私も折りをみて何度も弁護士に相談するようにアドバイスをしたり、やるべきことをやらせたのだが、事故の後遺症で弁護士との連携も上手にできていないようだった。

弁護士も数人変えたようだし、どうもギリギリまで追い詰められているようで、このままでは自殺しかねないと感じた。実際そういうケースもあるのだ。

もう私が助けるしかないのかもしれない。

しかし、実際にトラブルを解決するのはあくまで本人であって私ではない。

ただ世の中には警察にも相手にされない、弁護士にも相手にされないで泣き寝入りする人が多すぎる。そんな場合に本人が戦えるように証拠を集めて関係者に相手にしてもらえる状態を作るのが私の仕事だと言えば伝わるだろうか？

この辺は今、彼女に説明してもわからないだろうから話を続けてもらった。

彼女は四ヵ月前に交通事故に遭った。道を歩いているところを、車にはねられたのだ。ところが、彼女自身に落ち度はまったくないにもかかわらず、相手は賠償金を支払うどころかここにきて逆に彼女を訴えてきたという。

（これは匂うな）

悪質な事件の匂いがした。

「とにかく一度、その訴状を持ってうちの事務所に来てもらえるかな？」

事務所でMさんの話を聞き、持ってきた訴状を読んだ私は、フツフツと湧いてくる怒りに震えて全身の肌があわ立った。

「なんだ？　このふざけた内容は！」

事件の経緯を簡単に説明すれば、こうだ。

四ヵ月前のある昼下がり、大学の授業が早く終わった彼女は、自宅付近の道路を歩いていた。

正確には自動車道路の側道、歩行者用に設けられた幅の狭い道を歩いていた。

そのうちに、後方から変な音がした。すると猛スピードで走ってくる車の気配がしたと思ったら、次の瞬間に宙に舞い上がった。

入院して病院のベッドから起き上がれない状態が一ヵ月以上続く重傷だった。

その間に、加害者の供述のみで調書が作られた。被害者の彼女には一度も話を聞きに来ていない。

実はこれ自体は防ぎようがないことでよくあることだ。

警察は忙しすぎて、死亡事故でもないかぎり、当事者の片方しか供述がとれなくても、それで調書を作ってしまうのだ。

彼女が不運だったのは、中小企業の経営者だというその加害者が、交通事故を起こし慣れている非常にタチの悪いヤツだったことだ。

事故当時、彼女は自動車道路の側道、つまり歩行者用に設けられた幅の狭い道を歩いていた。それなのに加害者の男は「Mさんが赤信号で横断歩道を渡っているところをはねた」と主張したのだ。

想像して欲しい。横断歩道を渡っている彼女をはねたのなら車体が体の側面に当たっているはずだ。しかし、Mさんは後方から腰をはねられている。真後ろからはねた怪我を彼女はしているのだ。

彼女が横向きにカニ歩きでもしていたというのか。

ウソもいいかげんにしろと言いたい。

このようにウソの供述で調書を作られたとしても、当事者のもう一方が約一ヵ月以内に異議を申し立てれば確定を防ぐことができる。

しかし、重症を負ってベッドの中にいた彼女にはそれも不可能だった。そもそも、そんな知識も当然なかった。多くの人が同じだろう。

一ヵ月が経って、その加害者の言い分だけが通った調書が確定してしまったのだ。

相手はそれを見越して、Mさんを避けきれないと思った瞬間にアクセルを踏んだ形跡すらある。これほどの悪知恵を働かせる奴は世の中に本当にいるのだ。

交通事故の事案にかかわると、この手の輩は実は少なくない。

「一ヵ月異議申し立てができなければ思い通りにできるから軽症よりも重傷の方が都合が良い」

と考える悪人は本当に世の中に存在する。だから、この加害者の社長はいっそ重傷にして病院送りにしてしまえば、自分のいいように調書をでっち上げられると思った可能性だって低くないのだ。

そのデタラメな調書が確定したおかげで、この事故においては法的にMさんに大きな過失があったことになってしまった。

そこへ追い打ちをかけるように、相手の弁護士が損保会社を通じて「債務不存在請求確認訴訟」を起こしてきたのだ。

「債務不存在請求確認訴訟」

「債務不存在請求確認訴訟」とは、債権者に、債務が（これ以上）存在しないことを公に認めさせるために起こす訴訟である。

よくサラ金がらみでこの訴訟が起こされているが、交通事故においてもこれで被害者が訴えられるケースがよく見られる。簡単に言えば「もう、これ以上は金を払わなくて良いと認めろ」ということだ。

通常、不当な請求をしてきた相手への対抗措置として行われるが、なかにはこれを使って正当な請求まで退けようとする、あくどいケースがあるのも事実である。

今回の相手の主張は「赤信号を渡っているところをはねたのだから、Mさんに対して七五万円以上の債務は存在しない」というものだった。

あまりにもひどすぎる。

実際には治療代だけでも数百万円かかっている。もしこの債務不存在請求が通ってしまったら、学生でほとんど経済力のない彼女が、自腹でそれを支払わなければならない。

これはもう殺人にも等しいではないか。

実際に世の中には、こういう悪事に引っかかって経済的に行き詰まり、自殺する人も少なくない。


調書のことも含めて、この手馴れた加害者は、これまでにも何度も交通事故を起こしているヤツなのは明らかだ。絶対に初めての手口ではない。そういうヤツが、弁護士を使って何も知らない被害者の女の子にこういう悪事を行っている。引き受ける弁護士も弁護士だ。

女の子が若く独身で、弁護士の友達など、頼りになる人間も身近にいないということも調査済みだろう。だからおぼれる犬を棒で叩くようなことを平気で行うのだ。悪党ほど保身もしっかりしている。

結局彼女は警察にも弁護士にもまったく相手にされずに絶望していた。泣き寝入りしていたのだったのだ。

証拠は自分で集める！

弁護士に仕事を依頼するとやはりそれなりのお金がかかってしまう。

素人は、テレビの二時間番組に出ている弁護士と同じような動きを期待してしまう。

しかし、試算すると、弁護士は最低でも一〇〇〇万円以上はもらわないと、とてもあんな仕事はできない。

良い場所に事務所がある弁護士であれば、時間当たり四万円は稼がないと事務所維持はできない。郊外都市でも時間当たり二万円は稼がないと事務所維持は困難だと言われている。

だから現地に証拠を探しに行き聞き込み調査をしたり、足を棒のようにして証人探しをしたら、下手をすると一〇〇〇万円をもらったくらいではとても割に合わない仕事なのだ。ましてや企業買収などの経済事案でテレビドラマ並みの働きをする弁護士チームを雇うとなれば、二、三億円なら安いだろう。

事実、外資企業は、それを当然のように払っているとのこと。

それを普通の人は、五〇万円や一〇〇万円で、そのくらいの仕事をしてもらえると思っているために、法的トラブルに遭うと結局は負けてしまうのだ。


しかし、一般の人にとっては五〇万円一〇〇万円でももちろん大金である。

それならどうすれば良いのか。

まずは自分で証拠を集めることである。

実際、解決している事件の多くは被害者本人や、その家族が命がけで証拠を集めているのである。

死闘を戦う中で、警察などの行政や弁護士に動いてもらえる状態を作りながら、問題を解決しているのだ。

だから私は、そういった現実を広く知ってもらうためにこの本を書いたのである。


ちなみに強く注意しておきたいのだが探偵を雇ってはいけない。

探偵は事実確認だけが仕事なので、家族などの人探しには力を発揮するが、たとえばよくある浮気調査などにおいて集めた資料は、実際の裁判においては使えないことが多い。

つまり、相手の同意を得ないで調査をしても、相手にその証拠を否定されてしまえば裁判には負けてしまうということなのだ。

弁護士は証拠集めのプロではない

もしもあなたが物凄くお金持ちであって面倒だから全部弁護士に頼もうとしても、弁護士にお金を積めば証拠集めの調査ができるかといえば、そういうわけでもない。

「証拠とは何なのか」

ということをゴールから戦略的に考えることは弁護士には求められないし、従って、そんな習慣もない。

また、証拠を集めるトレーニングも受けたことが無い。

だから、それができなくても決して責められないのだ。そこに過度な期待をしてはいけない。

こんな奴ら、断じて許せない！

話を元に戻そう。

さっそく私は動きだした。

加害者の供述をくつがえす証拠が見つかれば、それが一番だ。

この場合には証拠として決定的に有効なのは、目撃者かビデオに残った映像、そのどちらかしかないだろうと考えた。

そこで、私は現場に行ってみることにした。すると、事故の際、はねられた彼女を案じて毛布をかけてくれたという事件現場近くのお寿司屋さんのおかみさんの証言がとれた。

おかみさんの話からすると、彼女が倒れていた場所は、横断歩道から一〇メートルも離れており、彼女が横断歩道を渡っていたときにはねられたということとのつじつまが合わなくなる。

横断歩道で車にはねられて一〇メートルも飛ばされたのであれば死んでいるはずだからだ。どう考えても毛布をかけてもらった近辺ではねられたとしか考えられない。

少しずつ加害者の嘘が透けて見え始めたのだ。

それと並行してMさんを裁判所に相談にも行かせた。

なぜ、お前が代わりに行ってやらないのだと思われるかもしれないが、それはできないのだ。日本の法律では本人か弁護士しか、トラブルの解決はできない。代理行為や仲裁行為はできない。だから本人が自分で動くしかないのだ。

実は海外では、法廷で戦う仕事は法定代理人である弁護士が行い、裁判までの証拠集めはアメリカでは「プライベートアイ」、中国では「偵察員」と言われる人たちが行うという分業がなされている。

日本にはまだ私しかいないが、この仕事は「証拠集め」など、裁判で戦える状態をつくるというものであり、弁護士法に触れる弁護士的な動きはしてあげられないのだ。

またトラブルは本人が動いてこそ解決確率が爆発的に上がる。他人任せだと解決確率は下がる一方なのだ。

裁判所に相談をしても、やはり「そういう状況では、賠償金を取るのは無理だ」というのが、その時点での裁判所の見解だった。

それでもなんとかしないと、彼女には一円も支払われず、莫大な入院費・治療費を借金として背負うことになってしまう。

親しくしている大物弁護士Iさんが「なんとかしようか」と言ってくれたが、私は、その時点ではストップをかけた。

「待ってください。私はとにかく、加害者の陰で糸を引いている弁護士が許せない。組織でもけっこうな地位にいる人間のくせに、一般市民を陰で抹殺しているなんて」

大物弁護士の先生に頼めば金だけは相手から取れるかもしれない。しかし、この悪徳弁護士は野放しになってしまう。

加害者は追及しても、裏で糸を引く悪知恵の総本山である相手弁護士の罪は、弁護士同士の遠慮があり、追及しにくいからである。

証拠を総ざらい

そこで、彼女の事故以来の経緯をゼロから総ざらいして、使える証拠を探し始めた。

私は、相手の提出してきた訴状に添付されていた資料を見直してみた。

すると、そこには、「交渉を重ねてきたが止むをえなく…」ということが書かれていたが、それは事実と異なることであった。まともな交渉などまったく行われていなかった。よくもしゃあしゃあとこんなことが書けるものだ。相手からの内容証明や配達証明などの記録は一切ない。

また、保険に関しては、先方が出してきた見積りに不自然な点があり、そこを突き覆すことができると考えられた。

保険には、自賠責保険と任意保険の二つがあるのだが、今回先方が提出してきたのは見積額七五万円の任意保険のものだけであったのである。

今回の事件は仮にも長期入院を強いられる人身事故である。

自賠責保険の見積りがないということは不自然でおかしいし、弱者救済を前提とした制度の自賠責保険がわずか七五万円の保証のみの見積りを出すわけがない。

この見積りには、相手側による何かしらの操作が働いていると考えられた。

こちら側がなんのしがらみもないところで今回の件での自賠責での見積りをとってみると、案の定「一三〇万円前後の支払いが妥当」とのことであった。

このようなことをみて裁判官がどのような判断をするのかは一目瞭然である。

そして、目撃者であるお寿司屋さんのおかみさんの証言と、合わせて三つの証拠を集めることができた。

そして、四つ目の証拠として、今回の案件解決の切り札とも言えるものを用意することにした。

彼女はこの件で「死にたい」と友人に手紙を書いたことがあるという。そりゃ、そうである。同じ状況なら私だって死にたくなる。

その友人から実際に手紙を見せてもらった。また、本人からも毎日つけている日記を借りた。

そこに書かれた彼女の言葉をもとに、私はレポートを作成した。

「Mさんは、以前はごくふつうの明るい学生だった。しかし、事故後は明らかに不安神経症を発症し、抑鬱状態にあるのではないか？　ぜひ診断して欲しい」というレポートだ。

医者に行ってから口頭で話しても真意が伝わるかどうかわからない。だから一目で理解できるように関連する写真も貼りつけ、経緯が時系列でわかるように仕上げた。このような資料を持ってから医者に行くことは極めて大切である。手ぶらで行ったら医者も混乱する。

それを資料として持たせ、彼女を神経内科に行かせた。

「診断書、書いてもらえました」

Mさんは、神経内科に行ったその足で私の事務所にやってきた。

〈交通事故の対応を原因とする抑鬱症〉

診断書にははっきりそう書かれていた。この交通事故との関連をしっかり書いてもらうことが重要である。このように法的に有効な証拠を集めたり、作ったりしていくことで戦える状態を整えていくのだ。これがとても大きく効果的な証拠となるのである。

「よかった！　さあ、これから作戦開始だよ」

喜んでいる私を見て、Mさんはキョトンとしている。

「この診断書で何ができるんでしょうか？」

本人はまだ自覚がないが、彼女はすごい武器を手に入れたのだ。

この診断書を持って警察に相談に行けば、いくらなんでも傷害罪の事件化にむけて動かざるを得ない。

そして、誰よりもそのことをわかっているのが「弁護士」である。

私は、四つの証拠をもとに裁判所と相談しながら、答弁書を作成することにした。

そしてMさんには、「裁判官の前でありのままを訴えろ」とアドバイスした。

実際にMさんが裁判官の前で答弁書をもとにありのままを訴えたところ、さすがにその裁判官も、「加害者側が出してきたものはおかしいので、あなたはそれに対して反訴しなさい」ということであった。

Mさんが反訴するにおいて弁護士をたてるとしても、準備期間で最低一ヵ月は必要である。その間の時間を無駄にしているわけにはいかない。

そこで、我々は相手の組織の戦闘能力をそぐ作戦にでた。

女子大生Mさんの大逆襲

我々は加害者の代理人であるT弁護士の事務所を攻めることにした。

相手が提出してきた書類には、連名でT弁護士の事務所に所属する五〜六人の弁護士の名前が記載されているのだが、その人たちに、一人ひとり電話をし、「こんな証拠をこちらで持っているのですが、あなたはどう思いますか？」と尋ねてみた。

すると、ほとんどの弁護士たちは、そのような書類に名前が連名で入っていることも知らないばかりか、我々の話を聞くと「それはぜひ『**法テラス**※』に行った方がいい、よく相談したほうがいいですよ」と逆に味方をされてしまう始末。

実はそのときの電話の音声は録音をしていたのだ。そして相手弁護士が悪態をついたら公開するつもりだったのだが、予想に反してほとんどの弁護士が我々の味方をしてくれたのですべて録音は消去することにした。

こうして相手の周囲から切り崩す作戦を遂行しながら、Mさん本人も直接行使に出ることにした。

何日か経って——

T弁護士の事務所に、ピンクのワンピースを着たMさんの姿があった。

受付に現れた化粧の濃い女性に向かって、消え入りそうな声で、

「こんにちは……」

「はい。どういったご用件でしょうか?」

「T先生はいらっしゃいますか……」

「ただいま外出しておりますが」

「何時ごろ戻りますか……」

「あいにく、緊急の用件で出かけておりまして、何時になるかわからないのですが。今日はもう戻らないかもしれません」

それを聞いたMさん、ボロボロと涙を流し始めた。

「会えなかったら、私帰れません。ここで待たせてください」

ただならぬ雰囲気に、受付の女性は彼女をあわてて応接室に通し、オフィスに戻って電話をかけ始めた。T弁護士の携帯にかけているらしい。

緊急の用事で出かけたはずのT弁護士は、妙に早く戻ってきた。

応接室で向き合う二人に、事務の女性がお茶を持ってきた。

さりげない風を装いつつ、（センセイ、この人だあれ？　やっぱりそういう関係？）とでも言いたげな視線をチラリとT弁護士に送り、部屋を出て行った。

T弁護士が、落ち着きのない青白い顔で「私はあなたのことを存じませんが、いったいどんなご用件ですか？」とたずねた。

「私は、あなたが訴訟を起こした交通事故の被害者です。お医者さんに行ったら、交通事故の対応が原因で抑鬱症になっていると言われて、診断書ももらいました」

涙を浮かべながら淡々と語るMさん。絶句するT氏。

そして、「あなたがああいうことをなさったおかげで、私は治療代も払えませんし、将来への希望もなくなりました。こんな目にあうのなら、今、ここで飛び降りるしかありません！」

その翌日も、またその翌日も。

Ｔ弁護士の事務所で同じ光景が繰り広げられた。

Ｍさんの訪問は一週間続き、Ｔ弁護士の髪は真っ白になった。人間は大きなストレスがかかると、こんな短期間でも一気に髪の毛が白くなるようだ。

実は、Ｍさんの行動は私の指示によるものだ。話を聞いてもらえないなら、聞いてもらえるように工夫するしかない。

「この際、女優になりきってがんばりなよ」

私や私の仲間が応援すると、彼女もだんだんその気になってきた。

言っておくが、これは違法行為ではない。

神経内科の先生が彼女に下した診断は本物だし、この事故のおかげで彼女が非常につらい思いをして、死にたいとさえ思っているのも事実だ。

その事実を、相手に一番わかりやすいように伝えただけである。話を聞いてもらえるように。

「人権侵害を許すな」と味方が続々

そうやってT弁護士にプレッシャーを与えながら、同時進行で私たちは、Mさんの周囲にたくさんの支援者を集めていった。

「何の罪も無い女性が社会からよってたかっていじめられるなど、あってはならないことだ。ましてや、法の番人である弁護士がそんなことをして許されるのか？」

私たちは強くそう主張した。

たとえば、本来は対立関係にあるはずの（訴訟を起こした側である）損保業界。それでも、あれだけ広い業界の中には、こうした動きをおかしいと思う業界人も必ずいる。探せば正義感のある人はどこの世界にもいるのだ。

実際、自賠責のほうを担当した保険会社の担当者は「あの査定はおかしい」と言ってくれた。

具体的に何かしてくれたわけではないが、東京都も、相談に行ったらこちらの味方についてくれた。

「このような裁判の訴えは非常に疑問だ。あなたの主張のほうが正しいと思う」という、こちらに有利な証言をしてくれたのだ。

「重大な人権侵害だ」と国連に訴えたら、あの国際的な人権団体である**アムネスティ**※も私たちの相談にのってくれた。

また、ネットワークを使っていろいろな国に呼びかけたら、海外はさすがに人権意識が強い。けっこう反応があり、いろいろと、このような卑怯で悪質な不法行為と戦う際のアドバイスをもらえた。

そうした人たちも含めて日本ではイレギュラーな存在である私を立てて応援してくれた。

警察では一ヵ月以上が過ぎてもう調書が確定していると、現場警察官がどんなに正義感があっても個人の力ではもうどうにもできない。

そんな警察が相手にしてくれない事件だからこそ、たくさんの味方を集めなくてはいけない。それこそが弱者を救うパワーになる。

たとえ状況は不利であろうと、行政や国際機関、そして普段は敵になっている人たちまでも味方にして、一団になってかかれば誰もかなわない。敵といっても権利などで対立しているだけであって立場の差があるだけだ。

本当の悪には一緒に立ち向かえる人はいっぱいいる。世の中良いことをしたい人はいっぱいいる。正義が好きな人だっているのだ。そんな仲間でつるんで私たちはいつも助け合っているのだ。

戦い方を身につければ必ず勝てる！

この一件、結論から言うと我々の勝ちだった。

我々が反訴したところ、白髪頭になり、憔悴しきったT弁護士を見かねた裁判所が和解勧告を出した。

「このままだとあなた（T弁護士）が負けたことが公開情報になるから和解しなさい」ということだ。裁判に負けたということが公開情報になると、負けた弁護士側は大きな不利益を被るので、裁判所から和解勧告が出るとほとんどがそれに応じる。

これは、実質的には我々の勝ちということである。

そして和解は成立し、結果として加害者からMさんに四〇〇万円が支払われた。

それでも大怪我をして今でも不自由な彼女が「得した」とはとても言えない。だけど少なくとも金銭的負担は大幅に減らすことができた。

笑顔で礼を言ってくれた彼女は精神的にもだいぶ持ち直したようで、ほっと一安心した。

T弁護士は、弁護士界では誰もが知る大物だったが、この事件の後に弁護士業界の役職からは失脚した。弁護士として誰が見てもおかしなことをしていたのだから、それも当然である。

今はまた業務を再開してなんと弁護士会の要職にいるらしいが、今の私にとっては彼などこわい敵ではまったくない。

金のために弱者をいじめる悪徳弁護士に一撃を加えることができたのは、今思い出しても胸のすくような出来事である。特に今のように弁護士や士業による犯罪が年々増加しているることを考えると必要な事でもあったと思う。

突然トラブルに巻き込まれてしまうと、手立てがわからぬまま時間が過ぎて知らぬ間に人生が終わるような不利な状況に追い込まれる。そして自分は悪くなくても泣き寝入りしてしまう人が、今は本当に多い。

しかし、解決は無理と警察や弁護士や世間に言われて相手にされない案件にも、必ず光はある。

本人が一〇〇％すべてを賭ける覚悟で戦えば、まず簡単には負けることはない。勝てないまでも何かはできる。

なぜなら、相手はしょせん金で雇われている金だけが目当ての弁護士だ。特に悪徳弁護士の場合には今回のように正義感など欠片も無いから、まさしく金だけが目的である。だから命をかけて自分の尊厳を守るべく戦う人と、対等に戦えるほどのエネルギーがあるわけがない。

戦いの中で気力を持ち続けていくことは、当事者本人であっても非常に難しい。ましてや金目当ての弁護士はしょせんは他人事である。

重要なポイントは、前にも書いたように、東京都や国連などいろいろな組織が非公式に我々を応援してくれたことだ。

どんな案件でも、そういう味方がいないとなかなか戦っていけない。先が見えないというのは、非常におそろしいことだからだ。

また、弁護士を立てて戦い続けようとするとお金がもたないし、そもそも今の弁護士の多くは儲からない仕事を嫌う。それも生活のためだから仕方が無い。弁護士だって稼いだ金で家族や事務所の仲間を養っているのだ。だから儲からない仕事を受けないことは責められない。

金を回収できるかどうかわからない一般人が相談しても、けんもほろろに追い返されるのがオチである。でもだからといって悪事で儲けていいわけではない。

私の本来の仕事は法人相手だけに限定されているが、Mさんの事件は、一般の人向けにも情報発信くらいはサポートしていこうと決心するきっかけになった。

法人のトラブル解決と同じ方法で個人もトラブルを上手に解決できることは、私も経験的によく知っている。

ここまで世の中がひどいなら、それに対抗していく手段を広めていかなければ、弱者は決して救われない。

彼女は今回の経験を生かして、家族や仲間が困った時には助けてあげているようだ。こういう人間を世の中に増やしていきたい。

もちろん、本書を世に出すのもそうした活動の一環なのである。

そして皆さんに是非伝えておきたいことがある。

こういったトラブルの際は、法律論で対抗するのではなく、社会で悪党を追い出すようにするのが大切である。その人が少なくとも反省して心を入れ替えない限りは、その社会にいられないようにするのである。

また、弱い者いじめは決して許してはいけないが、こういうトラブルに巻き込まれる人は、本人にも問題があることがある。そういう人は、一人も自分の味方になってくれる人が周囲にいないということがよくある。事件に巻き込まれる前に友達、仲間をたくさん作っておけば彼女の場合にも、ここまで孤独に問題を深刻化させずに済んだはずだ。

トラブルを大きくしてしまう人は友達や仲間が極端に少ない。だから普段から仲間を増やしておかないといけないのだ。その為には日常的に家族や仲間を助け続けて人間関係を濃くしておくことは絶対に欠かせない。

やはり普段の人間づきあいをどれだけ大切に育てているかが「いざ」というときに圧倒的にものをいうことになるのである。

最後に

最後に注意しておきたいのだが、もしあなたが「証拠集め」のやり方を覚えたからといって、「本人訴訟」をすることは、どうしても仕方が無い場合に限った最後の手段として欲しい。

本人訴訟をすすめる本も出ているが、それはどうしても本人訴訟だけしか手がない時の選択にして欲しい。

なぜならトラブルというものは、計り知れないほどのダメージを受けてしまうことがあるからだ。それで、人生がボロボロになってしまう人もいる。ことにあたっては全力で必勝の構えで臨んで欲しい。


できるだけ証拠集めもしっかり準備した上で、その証拠を持って弁護士に相談に行き、その証拠を持って行政に相談をして欲しい。

一つの手を打って勝った負けたとやってはいけない。一つの手が上手くいかなかったら次の手に移るというのは最悪の選択である。

できる手を全部打って欲しい。それも順番にやるのではなく、できる手、打てる手を全部同時にやって欲しい。

そうして、誠実で優秀な人に出会えれば最大限のバックアップをあなたにしてくれるだろう。順番にチンタラやっていたら勝てるものも勝てなくなってしまう。

トラブルの多くは、そのトラブル以降の人生を大きく左右してしまう。一つ負けたら豊かな人生が終わってしまう。だからあなたが付け焼刃で証拠集めをしたとしても油断せずに弁護士も行政も味方にして戦ってしっかり勝って欲しい。

そこで必要な金を惜しむと残りの人生が台無しになってしまう。交通事故に限らず、多くの人がたった一つのトラブルへの対応を間違えただけで残りの人生が悲惨なものになってしまっているのが現実だからだ。

この本は弁護士不要だと言いたいわけではない。

優秀な弁護士さん、誠実な弁護士さんがいれば、その弁護士さんと連携してトラブルを解決して欲しい。でも、その弁護士さんが、どんなに優秀で誠実でも証拠が無くては、いい加減な動きしかできない。

繰り返しになるが、弁護士は法律の専門家であって決して証拠の専門家や調査の専門家ではないのである。それを踏まえてトラブルに立ち向かって欲しい。

実際、証拠集めに関しては、海外の多くの国では専門職がありしっかり分業化されているのだから。

※**法テラス**……正式名称は日本司法支援センター（にほんしほうしえんセンター）。総合法律支援法（平成一六年法律第七四号）に基づいて設立された法人。全国どこでも法的トラブルを解決するための情報やサービスを受けられる社会を目指して設立された機関。二〇〇六年（平成一八年）四月一〇日に設立され、同年一〇月二日から業務を開始した。http://www.houterasu.or.jp/

※**アムネスティ**……アムネスティ・インターナショナル（Amnesty International）は、国際連合との協議資格を持つ、国際的影響力の大きい非政府組織（ＮＧＯ）。国際法に則って、死刑の廃止、人権擁護、難民救済など良心の囚人を救済、支援する活動を行っている。和名は「国際人権救援機構」。

第2章

お年寄りの財産を狙う「悪いやつら」

――老いた親の口座から一〇〇〇万円が消えていた！

実の息子なのに、後見人になれない？

Ｔさんは、五〇歳になったばかりのサラリーマン。六年前に離婚して、都内のマンションで一人暮らしをしている。

七十代の両親は都下に住んでいるが、父親は認知症を患っている、いわゆる「まだらボケ」というやつで日常の基本的なことは自分でできるので、普段は母親が面倒を見て、たまにデイケアサービスを利用する程度で今のところは辛うじてギリギリしのいでいる。

母親は今のところ健康だ。普段は、結婚して車で一五分ほどのところに住んでいる妹が、たまに顔を見に行ってくれる。Ｔさん自身も仕事が忙しい中、月に一度は電話で話をしていたし、盆暮れには泊まりに行っていた。だから、母親のケアはそれなりにできていると考えていた。

そんなある日、妹から連絡があった。

母親が銀行の通帳をなくしてしまったという。

そもそもＡＴＭの操作がわからないということでキャッシュカードは持っていない。現金の出し入れは全部窓口でやっていた。

通帳を再発行してもらうため、Tさんが都合をつけて母親につきそい、銀行に出向いた。そして、窓口で通帳の再発行を申し出ると、返ってきた答えは、

「恐れ入りますが、再発行はできかねます」

「えっ？　どうしてですか？」

通帳の名義は父親だ。本人が手続きできないなら、その後見人を結んだ人間に対してしか再発行はできないという。

「でも、僕は息子ですよ。母も一緒に来ていますし」

「それでも、法律的に認められた後見人の方でなければ再発行できないという規則がありますので」

「ずいぶん厳しいんですねえ」

追い返されてしまったTさんは、それまで後見人について何も知らなかったので、自分なりに調べてみた。

すると、困ったことに、彼が父親の後見人になろうとしても、そこに大きな障害がある

ことがわかった。

後見人には「任意後見人」と「法定後見人」があるが、法律上、彼の父親とは、そのどちらも結べないことがわかったのだ。

まず認知症の父親には事実を正しく認識する能力がないので、任意後見人が結べない。そして、認知症ではあっても、ベッドで寝たきりで動けないといったほど重い症状ではないので、法定後見人の対象にもならないのだ。

困った彼は、仕事でつながりのあるベテラン弁護士A氏に相談した。

A氏は、「法律上その部分はエアポケットなんですよ。でも、やりようはあります。僕が、お父さんとあなたと一緒に銀行に行きますから、そこで銀行との間にだけ『みなし後見人』を結びましょう」と言ってくれた。

Tさんがその旨を銀行に電話すると、銀行はA弁護士をよく知っていて、「先生のご紹介であれば、そこまでしなくて大丈夫です」といきなり態度をやわらげた。

「先生からお話があるのなら、あなたが後見人として問題ないこともわかりましたので、お父さんと二人だけでいらしてください」とのことだった。

老いた親の口座から一〇〇〇万円が消えていた！

「力のある弁護士さんは頼りになるなあ」と、ひと安心したTさん。

後日、父親を車で銀行へ連れて行き、通帳を再発行してもらうことができた。

だが、新しい通帳に記帳された数字を何気なく見た時、Tさんはとっさに違和感を覚えた。何かが変だと瞬時に感じたのだ。

はじめ二〇〇〇万円ほど入っていたのが、約三年の間に一〇〇〇万円ほども引き出されていたのだ。一〇〇万、二〇〇万、時には五〇〇万といった単位で無くなっている。それも使い道がわからない。

「母さん！　これはどういうことなの？」

Tさんが母親を問い詰めると、はじめ言葉を濁していたが、ぽつぽつと語りだした。

「ちょこちょこ家をリフォームしていたら、こうなっちゃったの」

あまり家に行かないのでわからなかったが、確かに雑で荒い仕事で外壁を塗り替えたりはしていたようだ。それが安普請で手抜き工事だとは見てすぐにわかった。だけど親にも友達づきあい、近所づきあいがあると思ってほうっておいたのだ。

そもそも親の財産などまったくあてにしていない。死ぬまでに遊んで使い切って欲しいと思っている。だから、その場は「そういうものか」と流してしまった。


ところが、話はそれで終わらなかった。

ある晩、Tさんの妹が電話してきた。

「ねえ、大変。うちのお母さん、悪徳商法の業者や宗教の人を毎日家に入れているらしいのよ」

「えっ?」

とんでもない話だ。

次の休日、Tさんは母親の元へかけつけ、問いただした。

「ひとりでさびしかった。お父さんとは話が通じないし、子供はみんな外へ行って仕事も忙しいし、話し相手がほしかった」

母親は、うつむきながら淡々と語った。

「そうか……」

Tさんは、「盆暮れしか顔を見せてあげなかった自分が悪かった」と内心非常に反省した。しかし、いくら話し相手になってくれても、相手が金目当ての業者や宗教団体の回し者では黙っているわけにはいかない。

そういう人たちとはつきあわないほうがいいと注意してみても、母親はわかっているのかどうなのか、どうも反応が鈍い。

（もしかして、母さんにも認知症が始まっているんだろうか？）

Tさんは妹と相談して、父親のかかりつけの医者に母親を診てもらった。

すると案の定、すでに初期段階の認知症が確実に始まっていると言われた。

ふだんの会話ではまったくわからないのだが、判断能力が落ちているので、安易に他人を家に入れたり金を出したりしてしまう。何が正しいか間違っているのかがわからなくなってしまうというのだ。現に一〇〇〇万円という金が掠め取られている。

このままにしておいたら、両親の老後の蓄えを狙う悪い人間にどんどん入り込まれてしまう。実際に、そういう業者は連携を組んでいたり、悪徳宗教の場合には自らが管制塔になって宗教団体傘下の様々な業者を波状攻撃で仕掛けて根こそぎ財産を奪いつくす。そんな事件は全国ですでに枚挙にいとまがないほど起こっているのだ。

Tさんは、ふたたびA弁護士に相談した。

「それは今のところ法律でどうこうできる問題ではありません。もっと詳しく状況を調べる必要があります。そういう調査のプロが顧問先にいるので、紹介しましょう。知識も経験も豊富だし、信頼できる男ですよ」

とここまでの経緯を経た末に、Tさんが私のところへ連絡してきた。

今、Tさんのような問題を抱える家は、実は非常に多い。私の身近にもいくらでもある。核家族化が進み、高齢化が進んで老人だけの世帯がどんどん増えている。特に夫や妻に先立たれたとか、夫婦どちらかが病気だったりするお年寄りはさびしいし、話し相手を求めている。

そこにつけこんで、「いい人」の仮面をかぶって家に上がり込み、財産を根こそぎ奪っていく「悪いやつ」がいっぱいいるのである。これは都会だけの話ではない。田舎だから安心できるという話ではないのだ。四七都道府県で私が被害を聞いたことがないのは数県だけだ。それも被害が起きていないのではなく、まだ依頼者が私のところにたどり着いていないだけだと思う。それくらい日本中どこでも起きている性質の事件なのだ。

私はTさんの実家の調査を始めた。調査の方法はいろいろあるが、その一つが家に防犯カメラをしかけること。

そうしたら、悪徳業者、新興宗教、悪いやつらがごまんと来る来る。

健康食品、浄水器、ふとん、じゅうたん、リフォーム業者。

中でもTさんのケースの場合には宗教の人間に深く食い込まれていた。時には一人で、時には何人か連れ立ってやってきて、何時間も居座っていた。

平日の午前中とか日曜の夜とか、Tさんや妹さんが行かないような時間帯を狙い済ましてやって来るため、今まで気づかなかったのである。

調査がだいたい済んだ頃、ちょうど業者の来る時間をみはからって、Tさんを実家に行かせた。

「あ、どうも。お邪魔しておりまーす」

お茶を出され、居間にどっかり座っていた中年男が、わざとらしく明るい笑顔を向けてきた。テーブルの上にはパンフレットのようなものが広げられている。

「あなたみたいな人がいっぱいウチに来ているようだけど、今、専門家に調査してもらっている最中だからね」

Tさんは本来温厚な人なのだが、その時は相手をにらみつけてそう言ったところ、業者は逃げるようにして帰っていったという。

しかし、手ごわいのはむしろ宗教のほうだ。

今一番多いケースは、その町内で、たとえば町内会長や自治会長をやっているような人間が宗教に入信していて、近所の老人を次々と一人ひとり口説き落として押さえていくというものだ。

町内会長、自治会長といった社会的に認知された立場でもって、自分の住所や電話番号も教えながら「私は悪い人間じゃありません。あなたの悩みを聞いてあげますよ」と言って、堂々とやってくる。

Tさんの母親のところにも、同じ町内で婦人会の会長か何かをしているオバサンが中心になり、悩み相談という形で「布教」をするために通ってきていた。

そうやって地域単位で押さえていくやり方が増えている。老人にとっては宗教の集まりでも人が集まって自分を相手にしてくれるとなると、コンサートに行く感覚でお金を出してしまうようだ。そして、その金額が丸裸になるまで釣り上がっていく。

そういう相手は、法律では抑えることができない。

かといって、放っておくわけにもいかない。

ではどうしたらいいのか?

家族が頑張るしかないのである。さびしいから取り込まれるのだ。さびしい思いをさせないという対策以外に手軽な方法など無いのだ。弁護士任せ、警察任せでは解決不能な事件だから悪徳業者、悪徳宗教が入り込んで来るのだ。警察や弁護士が対策を持っていてなおかつウジャウジャいるような場所なら悪いやつらは大挙してやってこない。

法律だけでは何ともできないことを知っているので、悪党どもが群がっているのである。

年寄りを一人にしない。財産管理はきっちりと

そこで私がTさんにアドバイスしたことが二つある。

一つは「とにかくできるだけ実家に行きなさい」ということだ。昼間は仕事があるからしかたないが、夜だけでも泊まって、お母さんのそばにいること。

「そうですね。私も、こうなった根本的な原因は、母にさびしい思いをさせたことだと思っています。これからはもっと一緒の時間をつくります」

Tさんは、少し薄くなりかけた髪を、しきりになでつけた。

「あと、Tさんがいない間も、他人が家に入りにくいような環境をつくることですね。たとえばあなたの荷物をどんどん運び込んで、居間をゴチャゴチャにしちゃうとか。お母さんたちの年代は、部屋がかたづいていないと恥ずかしくて人を入れられないという人が多いから、効果があると思いますよ」

「なるほど。確かにうちの母も古い人間なので、そのへんは気にしますね」

もう一つのアドバイスは、銀行にしっかり話をつけることだ。

すでにTさんはお母さんの任意後見人になることができていたので、後見人としてお母さんの口座は押さえてあった。だが、お父さん名義の口座を守るためには、もう一度きちんと対策をとっておく必要がある。

「取引している銀行にもう一度行って、事情を全部説明してください。そして、お父さんの口座はハンコをなくしたということで誰も引き出せない状態にして、Tさんがお金を管理するから、キャッシュカードだけをこちらに送ってほしいと頼んでください」

「わかりました」

Tさんが銀行に行き、両親の病気のこと、悪徳業者にひっかかっているらしいことなどすべて話すと、銀行も「そのようにいたしましょう」と快く応じてくれた。

最近多発している事件なので銀行もわかってくれるところも多い。もしもわかってくれないようであれば理解のある銀行に変えた方が良いと思う。そこまでしないといけない時代である。銀行がわかってくれなかったから諦める、その銀行との取引を続けるというのは最悪の選択である。

これが対策の二点セットだ。この二点セットがないと、どんなやり方をしても相手の攻撃は防げない。

なぜ私がTさんにスラスラとアドバイスできたのかというと、こういう事件は毎月あるからだ。私は経営者支援を本業にしているので、経営者の親御さんが狙われて事件になっているケースを常に抱えているのだ。

繰り返しになるが、こういう場合、一番こわいのは宗教だ。

「フタを開けたら財産をすべて取られていた」など、ザラにある。それも弁護士を丸抱えしているとしか思えない宗教もあり、信者を弁護士にしている宗教もあり攻撃と防御に鉄壁の準備をしているケースが多いのだ。

それも、遺言状を見たら宗教団体に土地をすべて寄付することになっていたとかいうことが、本人が亡くなった後に初めてわかるケースも多々ある。

おそらくそういう宗教団体には顧問弁護士がついている。本当かどうか裏まではとれなかったが、ある内部告発者によると、そういう食い物にする方法を宗教側に売り込みに来る弁護士もいるとのこと。これが本当なら恐ろしい。

そういう組織がシステマティックに仕掛けた罠により信者に家に入り込まれ、懐柔されて、財産を使い切られてしまったという事件がとにかく多い。ひどい事件では親戚まで入信していて、やられ放題ということもある。

とにかく本人が亡くなった後ではどうしようもない。

この手の事件はとにかく警察にも弁護士にも相手にしてもらえない。よほどの証拠集めをして戦う準備をしない限りは、ただ相談に行っても法的に戦えるだけの証拠が揃わない。

だから警察や弁護士も断らざるを得ない状態になっている。

そんな状態でいくら裁判を起こしても「本人が同意しているのだから」と言われてしまい、回収するのは不可能だ。

だが、途中で気づけば、まだいろいろと打つ手はある。

Tさんも、これ以上いかがわしい人間たちを近づけないために、がんばっている最中だ。

今、彼はほとんど毎日、実家から会社に通っている。

そして、パソコンや大きな鞄やダンボールなどをドカドカ運び込んでいる。

居間も客間もTさんの私物だらけだ。

母親がちょっとかたづけようとしても、「それは今夜すぐ使うから置いておいて」などと甘えて、かたづけさせない。

母親のほうは、自分の息子だし、最近はよく泊まってくれて、そばにいてくれるし少々散らかっているくらいではニコニコしてご機嫌で文句を言わない。「洗濯物出してね」「これ食べる?」などと、むしろ嬉しそうにTさんの世話をやいているという。

Tさんは、「そのうち本当に実家に戻るつもりだ」と、私に報告してくれた。

「弁護士なら安心」と思ったら大間違い！

最後にもう一つ、みなさんを待ち構えている落とし穴にふれておこう。

このTさんの例からもわかるように、年老いた親を守るには、本当は日本の昔の風習にならって親子が同居するのが一番なのだ。でないと、悪いやつらに入り込まれても気づくことができない。

だが、忙しくてどうしても親に目を配れないとか、生前に親の財産をどうこうするのは……と考える人がいるのも事実だ。

そういう時、それならば親がボケる前、健在な間に後見人をつけようということで、弁護士を後見人にすることがある。

しかし、これでは安心できないということを覚えておいてほしい。

当の弁護士が悪徳弁護士だと、本人の判断能力が低下したのをいいことに、確信犯的に金を引き出してしまうことがあるのだ。特に地方の代々続く金持ちの家では、代々同じ弁護士事務所、会計事務所に丸投げでチェックもせずに頼んでいるケースも多い。こういう場合には、ノーチェックなのだからと、弁護士や会計士が財産に手をつけるという事件は少なくないのだ。

もちろん弁護士や会計士はプロ中のプロだから「同意を取ってやっている」と法的には問題が無いと主張するし、名目も「雑費」とか、必ず法的に認められるような名目で行う。彼らにとってはまさにやりたい放題の制度である。

本当は、認知症を発症しかけたぐらいの時点で裁判所に申し立てをしなければいけないのだが、彼らはそれを意図的にやらないでいる。また、やらなくてもそれに対する罰則がないのである。

このため、今は実の娘か息子しか後見人として認めない傾向になっている。

とにかくこういう話はネット上にもごろごろころがっている。ぜひ自分でも調べて実態を骨身に染みて理解して欲しい。

弁護士という法の番人でありながら、なぜ悪いことをする人間が出てくるのか。

その背景には、「弁護士が食えなくなっている」ということがある。

みなさんには信じられないかもしれないが、今、大手弁護士事務所に入った弁護士の初任給は、年収にしてたったの四〇〇万円ほどだそうだ。そしてまだまだ下がる傾向にある。

苦労して勉強して弁護士になったというのに、この数字はいったいどうしたことだろう。

たとえば三〇歳でようやく受かったとしたら、弁護士になるほど優秀な人間の大学の同期で会社員になった人の中には、すでに年収一〇〇〇万円を超えている人もいるだろう。

その大きな原因は、弁護士法で、弁護士には「営業行為」が許されていないということがある。つまり世間に向かって「私は有能で、こういう事件を解決できるので、相談にいらしてください」と言うことができないのだ。

かろうじて「〇〇弁護士事務所　専門〇〇」と書くことは許されているが、これではよそと差別化することなどできない。少なくとも普通の人に理解できるように「この人に頼もう」と思わせることはできない。

また、もう一つ、専門性のない分野を扱っても儲からないため、みんながこぞって同じ分野に集まり、違う分野を開拓する努力を怠ってしまったということがある。同じパイをみんなで食いつぶしている状態では利益も上がらない。これも弁護士の生活が苦しくなっている原因の一つだ。

現在、世間で起こる事件はより複雑化し、いろいろな対応が必要になっているのだが、弁護士の世界にはその受け皿がない。

結果として、悪が放置されるケースが増えてしまう。

このような現状を踏まえて鳴り物入りで登場した〝法テラス〟もまだ設立したてで、弁護士や**認定司法書士**※の人数が圧倒的に足りず、本格稼動はしていないようだ。特に地方の弁護士不足は深刻な問題だ。

しかし法テラスも誰かが相談を依頼しなくてはなにも始まらない。

痴呆や介護の老人は法テラスに電話をすることも出向くこともできないのだ。

私たち民間機関だけでなく、司法・行政で連携してはやく老人のトラブルの対応ができる公的機関ができてくれることを心から願わずにいられない。

※**認定司法書士**……法務大臣が実施する簡裁訴訟代理能力認定考査で認定を受けた司法書士。簡易裁判所における訴訟代理及び紛争の目的の価額が一四〇万円を超えないものについて相談に応じ、又は裁判外の和解について代理すること等の法律事務もできる。

第3章

騒音トラブル

——早朝六時半からピアノを弾く子供

三六万円の賠償命令がいったい何になる？

「子供の騒音で階下の住人に精神的苦痛を与えたとして、裁判所が三六万円の賠償命令を下した」というニュースがあった。

マスコミは「よくやった」と言わんばかりだが、この判決が下りた時点で、階下の住人はとっくに引っ越してしまっている。それまでその家に住み続けられて勝訴の判決を聞いたわけではない。当たり前である。裁判になるほどうるさい家に我慢して住み続けることなど不可能である。

それに判決が出たからといって、必ずしも執行することはできない。

それに裁判を起こすほど我慢できず引っ越ししてしまうような問題に、三六万円をもらったからといっていったい何になるのだ。

そして個人相手の民事裁判の多くは、その三六万円も払われないことが多いのだ。

そのマンションの構造にもよるが、集合住宅ではあちこちから音が響いてくる。

一つのフロアに何世帯も入っているような場合、「うちが出している音じゃない」と裁判で言われてしまったらどうしようもない。

ほとんどの場合には相手の子供がうるさい音を立て、その音で被害が出ていると確定するには「私がやりました」「うちの子がやりました」という本人の自白しかないのだ。

訴えた人は、裁判をしてみて法律が無力とわかって引っ越ししてしまったので、マズいと思った裁判所がこういう判決を出しただけで、実際は何も解決していない。

私に言わせれば「こんな判決出してどうするの？」である。弱者救済、被害者救済はまったくできてないじゃないか？　と言いたい。

もし私のところへこういう相談が来たら、

「相手を縮み上がらせるぐらいの勢いで『静かにしろ！』と怒鳴り込んで震え上がらせて止めさせるか、自分が逃げるか、どちらかしかないです」

と言う。

手っとり早い解決方法はそれしかないのだ。

社会的地位などのある人で、資金もあり、「裁判をしないと納得できない」というなら引き受ける。でも、裁判をやってもほとんど無意味だ。

三六万円の損害賠償なんて、相手が素直に払わない場合には、それを回収する経費だけでも三六万円を上回ってしまう。赤字になるのだ。

相手が素直に「はい出します」と言うならまだしも、そうでなければ相手の口座の調査、弁護士費用（一〇〇万円以上）、そして私に依頼するなら高額な調査費用と、どんどん出費がかさむのだから、こんな判決は逆に原告を苦しめているとしか思えない。

世の中のために判決を出した。それはいい。その意気やよし。だが、その人のためになっているのか？　という話だ。このことは弁護士もみんな知っているはず。でも誰も言わない。なぜなのだろう。

こうしたトラブルや被害者の泣き寝入りを防ぐために、マンションの管理組合や自治会や近所づきあいがあるのではないか。どうして「そういう場所へ行け」と言えないのか。実際のところ近所づきあいは崩壊してしまっているし、管理組合も機能していない所が多いが、本当の解決の道があるとしたら、そちらから攻めていくしかないのだ。

法的手段も織りまぜながらのことで、手間はかかるが、本気で戦おうとする人にとってはこれこそが正しい対処法だ。

だから私は自分自身がマンションの管理組合の理事長もやっているし、町内会の会長もやっている。ご近所のお世話役を普段からやらせていただいていることで、自分が被害者になるようなトラブルを未然に防いでいるのだ。

私からこの話を聞き、「自分で戦う！」と言って動いた人は、みんな本当の勝利を勝ち取っている。安心して住める環境を取り戻しているのだ。

早朝のピアノの音で睡眠障害に

では実際にどんなふうに解決していくのか。一つの事例をご紹介しよう。

埼玉県に住む編集者のEさん（三三歳）は、同い年の妻と二人暮らし。築浅の中古マンションに入居して半年になるが、当初からずっと、階上から聞こえる音に悩まされている。

真上の部屋に住むY家は夫婦と小学生の女の子が二人。夫妻の年代はEさんたちよりも少し上のようだ。

その家から、朝六時半という早朝から子供が弾くピアノの音が聞こえてくる。

毎回三〇分、週三、四回はこれで起こされる。

Eさんは職業柄夜型生活で、朝には弱い。それに朝の六時半からピアノなんて非常識すぎる。

早朝に一度起こされると、また寝ようとしても今度は寝つけない。その結果、睡眠不足で朦朧としたまま仕事に出かける日も多い。

妻が言うには、上の家では子供たちにたくさん習い事をさせていて、ピアノを練習する時間が足りないので朝にやらせている、ということらしい。

「逆にそれが自慢らしいのよ。うちの子は忙しいいんだからって」

「しかし、朝の六時半からっていうのは非常識すぎるだろう」

Eさんは管理会社に連絡し、やんわりと注意するようにしてほしいと頼んだ。「わかった」と言ってくれたが、その後も何の変化もない。相変わらず早朝からピアノを聞かされる。

ふたたび管理会社に連絡してみたが、「注意はした」と言い、その後、マンションの一階に「最近、生活音や楽器の音によるトラブルが増えています。お互い気持ちよく暮らすために配慮しましょう」という貼り紙がされただけだった。そして「ウチでは、これ以上は何もできません」というのが管理会社の言い分だった。

Eさんは、ある休日、意を決してY夫妻のところへ苦情を言いに行った。

「どうだった?」

彼は首を振った。

「話にならない。『うちの子は忙しくて朝でないと練習できない。深夜に弾いているわけじゃないんだからいいじゃないか。お宅は子供がいないからよけい気にさわるのかもしれないが、ピアノの音を騒音扱いするな』だって」

そして相も変わらず、同じ時間にピアノの音が響いてくる。

Eさんは、昼間突然眠くなったり、夜になっても眠れなかったりと、睡眠障害のような症状が出てきた。

悩んだEさん夫妻は引っ越しも考えたが、売っても差額で大損するのは目に見えている。騒音のことさえなければ、便利で住み心地のいいマンションだ。それに、被害者の自分たちが引っ越すというのはどう考えても納得がいかない。

弁護士に頼んで相手にされなかったりして解決策をさぐるうちに、私のところへたどりついたというわけだ。

あなたが管理組合の理事長になるんです

「弁護士に頼んだのですが相手にされませんでした」と言うので、私は「こういうことは裁判では解決しない。むしろ断ってくれたのは良い弁護士さんですよ。解決できないのに受けて何も解決しないというのが最悪のケースですからね」ということを教えた。

「社会通念上の受忍限度を超えたものには損害賠償請求ができるとは書いてあるのですが、受忍限度に対する明確な基準がないんです。だから証明できない。

でも実は受忍限度を決める方法があるんです。それは測定した鑑定家が、『受忍限度を超える』と判断したときなのですが、それは法律が明確にないため、鑑定家は判断が下せないというのが実情なのです。それで裁判にはなじまないものとなっているんです」

といったことを説明すると、Eさんはくやしそうに唇を噛んだ。

「でも、あなたさえその気になれば、別の方法もありますよ」

「ぜひ、教えてください」

「**区分所有法**※という法律はご存じですか」

「いえ、知りません」

「これはマンションの各戸を使用する人たちが守るべきルールを定めた法律ですから、帰ったら、ネット検索でもして確認しておいてくださいね。それから、今のマンションの管理組合の理事長にはこの話をしましたか？」

「ええ、管理会社のほうがダメなので、そちらにも話はしましたが、『こういう問題は難しいから』といって、何もしてくれません」

「知っている人は少ないんですが、管理組合の理事長には『**善管注意義務**※』が義務づけられています。つまり、騒音被害があって、管理組合に動いてくれと頼んだのに理事長が動かないのは本来おかしいんです。立法機関は、こういう事件が頻発していて法律ではどうにもならないと知っているから、実は管理組合に責任を負わせているんですよ」

「そうだったんですか！　全然知りませんでした」

Eさんは目を丸くした。

「だから、動かない理事長には解任請求ができるんです。そうしたら、向こうは素直にやめるでしょう。元々好きでやってるわけでもないでしょうから。そうしたら、Eさん、あなたが理事長になるんです」

「僕が理事長にですか⁉」

驚き不安げな様子のEさん。

「そうです。区分所有法を読めば、理事長になる方法もみんな書いてあります。そして、騒音を出す人間が居づらくなるように、どんどん使用細則を変えてしまえばいい。

それでも埒があかなければ、管理組合の費用で裁判をすればいい。

判決がどうこうじゃなくて、あなたは自分のお金を使わないでいくらでも裁判を起こせますから相手は困ったことになります。

あなたは管理組合の金で裁判を起こせますが、相手は自分個人の金で対応することになります。それに管理組合が裁判に動いていれば、住民だってこちらの味方についてくれます。

そもそも話を聞く限りは、そこまで非常識な人間には今は言わないだけで皆が迷惑しているでしょうから」

「なるほど……」

「これをやって結果的に相手が出ていったケースも、いくつもあります。もし理事長がやめなければ、その理事長に対して裁判を起こすこともできます。

僕自身、同じマンションで騒音を出していた一四人の人間と戦って、当時の理事長を追い出したことがあります」

これは本当の話だ。向こうはよほどくやしかったのだろう。後になって、建築会社の息のかかった人間たちを私のいるマンションに入居させて、散々度重なる嫌がらせを繰り返してきた。

彼らはうちの周囲の部屋で、入れ代わり立ち代わり二四時間ぶっ通しでピアノを弾いた。私の妻はこれでノイローゼになった。

そこで自分が管理組合の理事長になろうとしたのだが、この時は理事長も向こうの回し者だったのだ。だからやめることを拒否して徹底抗戦をしてきた。

だから私は、その理事長を裁判にかける準備をすると同時に「精神的被害を受けた」として警察も動かした。相手の報復攻撃を一つずつ「これに対してはこの刑事罰を云々」と攻め手を増やしていくと、警察から警告されると同時に相手は全員尻尾を巻いて逃げて行った。

後から調べてわかったのだが、その住人たちはみんな建設会社の下請け業者の社員だった。いくら得意先に頼まれたことでも刑事事件で逮捕されてはたまらないと思ったのだろう。

金でつながった関係で弱い者イジメをしにきたが、あいにくこちらが〝弱い者〟ではなかったので逃げ出したのだ。

しょせんは卑怯な連中だし女房子供を守るために命がけの、こちらには敵うはずもない。

相手はゼネコンなど莫大な金を持っているのだから常に死闘を覚悟する必要はある。でも命がけの覚悟があれば命をかけていない相手はたいていい撃破できる。

自分で法律を知ろうとする姿勢が大事

Eさんは自宅へ戻り、ネットで「区分所有法」を検索した。

そこには、受忍限度を超える騒音を出してはならないと書いてあった。

「『そんなことできるのか?』と思ったけど、ホントにちゃんと条文に書いてあるなあ」

法律は「そこに書いてあるとおり」だ。そこに特別な解釈はない。

私がみなさんによく言っているのは、「自分が被害に遭ったらその法律を調べなさい」ということだ。

何に該当するのかわからなければ、そのための法律の無料相談もある。「私のケースにはどういう法律が当てはまるでしょうか?」と聞けば、それくらいは弁護士が教えてくれる。

このケースでも、区分所有法という法律がちゃんとある。

今はネットでなんでも調べられるし、六法全書でも判例六法でもいいから、自分に当てはまるものに印をつけてみてほしい。そこに「こうである」と書いてあったら、そのとおりなのだ。

弁護士や裁判所がなんと言おうと、その法律のとおりのことが適用されるのだ。そうしたらそれにしたがって行使すればいい。現状がそうなっていないなら、現状のほうがおかしいのだ。

もちろん適用させるには、適用させるなりの証拠集めや、関係部署への働きかける能力は必要になる。そこにはプロとしてのコツもある。

だけどやっていることは法的に有効な証拠を集めて、正しいことを正しいように正していくだけのことなのだ。

明らかに間違っている人間の自己主張などは退けていいのだ。早朝六時半からピアノを弾くような馬鹿をのさばらせておく必要などないのだ。

着実に味方を集め、証拠を集める

Eさんは管理組合にあらためて問題提起して理事会を開くことを要求し、そこで自分が置かれた状況をくわしく説明した。

すると、理事の中にY家の隣の住民がいた。

「実はうちも、あのお宅のピアノには迷惑しているんです」

ほかにも共感や同情の声が集まった。一人ぼっちだと思っていたEさんは味方を得て胸をなでおろした。同じ立場、同じ思いの人はやはりいたのである。

「これは理事長がなんとかすべきだ、できないなら交代したほうがいいのでは」という意見も出てきた。

そこでEさん自身も「ここしばらく色々と勉強しました。できれば自分が理事長にさせていただき、必要な措置を講じていきたいと思っている」とはっきり言った。

すると現理事長も「異存はない」とのこと。

理事の過半数が賛成して、Eさんはあっという間に管理組合の理事長になることができた。

これまで「誰も味方がいない」と思っていたEさん夫妻だったが、希望の光が見えてきた。

あとは、理事長として警告を出し、それでも改まらない時は、次の段階として管理組合の細則を変えていけばいい。

たとえば「楽器の演奏は○時から○時までの時間帯に限る」とか、「演奏時には消音装置をつけなければならない」とか、いくらでも条件はつけ足せる。

それ自体には法的効力はないが、それに逆らって今の状態を続ければ、マンション中の住人から「決まりを守らない非常識なヤツ」という白い目で見られる。普通なら、それだけでいたたまれなくなる。

それでもいっこうに態度が改まらない場合は、いよいよ法的措置をとるべく、Eさんと奥さんの診断書も両方すでに準備してある。

こうした一連の処置で、Y家が態度を改めてくれればそれはそれでいいし、ウンザリして出ていってくれればもっといい。トラブルを起こす人はいくつもトラブルを起こす無神経な人だから。一番大事なのは、Eさん夫婦が静かに普通に暮らせる環境を、いかに取り戻すかということだ。

明らかに「悪意ある騒音」の場合は？

Eさんのケースでは、Y家の親は非常識、あるいは無神経と言えるが、Eさん個人に対して悪意があるかというと、そこまでは断言できない。もちろんピアノを弾く子供だって悪気があるわけではないだろう。

だがもっと悪質なケース、たとえば逮捕されて話題になった「引っ越し！　引っ越し！」の騒音おばさんのように、相手を苦しめる意図がある場合は、単なる近隣トラブルとは別の角度からのアプローチが必要になる。

あの事件で、警察は彼女をつかまえられる法律を長期間にわたってなかなか見つけられなかったようだ。結局騒音おばさんは傷害罪で逮捕されたが、それまでに一〇年という月日が経っている。

たしかに騒音に関する自治体の条例はあるのだが、よく調べるとあれは公害に関するものので、生活騒音に対する規制はない。

判例では、※**暗騒音**《あんそうおん》（もっとも静かな状態）プラス二〇デシベルで「騒音」と認められている。

しかし、音には種類がある。警察も弁護士もこれをわかっていないことが多い。

たとえば、コツコツ叩く音。これは「固体伝播音」と言うが、空気中に伝わる音はうるさくなくても、下には響いている。

要するにこうした裁判では、実は「音の大きさ」などは関係ないのである。

こういう時に効果的なのが、やはり医者の診断書だ。実害があると明らかに誰にでもわかる。それがあった上で、さらに、トラブルの原因となった音を録音して音の計測の専門家に聴かせ、「これは受忍限度を超えた騒音だ」と言ってもらえれば認められるのだ。

しかし通常はマンショントラブルの際に証言をしてもらう必要がある専門家は、どのジャンルの専門家であってもたいていはゼネコンの下請けだ。通常は、ゼネコンが住居などを開発する時に音の聞こえ方を計測している。

だから、欠陥住宅の騒音問題などでは、この専門家の人たちに協力してもらうことはかなり難しい。

それが欠陥住宅ではなく近隣トラブルの案件だったとしてもほとんど協力はしてもらえない。その上に、そもそも鑑定ができる鑑定人にとって「あんたを助けて俺に何のメリットがあるの?」ということになる。あなたを助けたってメリットなど一つも無いのだ。

だから私は、そういう時は依頼者に手紙を書いてもらう。被害者が心情を綴った手紙は必ず専門家の心を打つからだ。

必ず盛り込む内容は、

「大学教授の平塚先生や著名な弁護士のI先生に相談して、今戦っています。今回の件に関して私の状況を助けていただける力を持っているとしたら先生しかいないとご紹介いただきました。

私を助けても先生には何一つ得は無いかもしれません。むしろ損することばかりかもしれません。だけど私も女房、子供、家族を守りたいのです。なんとか助けていただけないでしょうか。

毎日家族は泣き暮らしています。一家の主として家族に笑顔を取り戻したいのです。先生にすがるしか生きる道が無いのです。

私は一介のサラリーマンに過ぎません。微力しか持ち合わせておりません。しかし先生に助けていただき今回の生き地獄を乗り越えたら、先生にお役に立てる機会があればいつでもはせ参じる覚悟です。

どうかお願いです。助けていただけませんか。よろしくお願いいたします」

というものになる。

私は正義感あふれる専門家をすでに何人か知っていて、私たちが味方についているとなれば味方をしてくれる人間にも当てはある。

しかし単に紹介だけでなく、こういう手紙を書くことで、本人がまっとうな人だということも理解してもらうようにする。手紙が口先だけのような人間は私も絶対に助けない。手紙の内容を心から思っていて、それを実行しそうな人間しか助けないのだ。

苦しさのあまり今は何でも言うが、ノドもと過ぎれば熱さ忘れるという感謝の無い人間は絶対に相手にできない。

そもそも依頼が来ただけでリスクを犯してくれる先生方に、わずかでも変な人間を紹介するわけにはいかない。

手紙を書いても先生が納得して助けたいと思わない限りは無理をさせるわけにもいかないのだ。

あとは専門家を感動させるような言葉をいかに紡ぎだすか、それを依頼者自身に考えてもらうのだ。死闘を戦っている本人の魂から訴えかける言葉というのは、他人が創作しても出てこない。

ここまで周到な準備をして、診断書や専門家の鑑定書という法的な証拠を整えて警察や検察に持っていってはじめて「これは大変だ」ということになる。

行政が助け舟を出せるようにするには、ここまでの準備が最低限必要なのである。本当に最低、ここまで用意しないとダメなのだ。

ここまでやって、それでも相手が攻撃してきた場合は、逮捕することができる。

行政との上手なつきあい方を覚えよう

トラブルに悩む人全般に言えることだが、行政への相談の仕方を心得ておくことも必要だ。

よく「行政機関に行っても何も教えてくれなかった」という人がいるが、誤解してはいけない。あの人たちは、あなたのためにすべてを捧げてくれる人たちではないのだ。行政は皆のための機関である。あなたの私物ではないのだ。

そこへ法律相談にのれとワーワーうるさく言っても、相手はのってくれない。「うるさい」と適当な対応であしらわれてしまう。

そうではなく、ある程度自分で調べて「こういう法律がありますが、これはどうでしょうか」と質問をすれば、ちゃんと行政は教えてくれる。

何も調べていない人間が、「何もわからないから根本からアンタが調べて俺に教えてくれ」と言っても相手にされないのは当然なのだ。

そんなのはもうクレーマーと同じである。

行政はあなたの召使でも奴隷でも子分でもないのだ。

だから私などが準備をしてから腰を低くして相談に行くと、みんなしっかり考えてくれるのだ。だってお世話になるのだから当たり前である。

たいていの人は「教えろ」とワーワー言ってしまうからうまくいかないので、そうではなく「○○はどうですか？　教えてくださいませんか」という聞き方をするのが最低限の礼儀だと思う。

私も、教えてほしいことがある時は「警察に行ったけど、あるいは検察に聞きに行ったけど、あるいは弁護士に聞いたけれどもわからなかったので、教えてください」という聞き方をして教えてもらっている。

「お金を払ってここへ行ってもわからなかった。散々飛び回って努力をしたが万策つきました。どうか教えてくださいませんか？」と言えば、行政も「それはしょうがない」と必ず教えてくれるものだ。

気をつけたいのは、行政機関は税金で運営されているということ。彼らも無駄な時間を使うわけにはいかないのだ。だから、困っている人から対応するという原則がある。そしてその困っている人は大勢いる。

交通事故で大怪我した、人が死んだ、警察などはそれだけで精一杯だ。だから、せめてこういう礼を尽くした真人間なやり方で相談に行こうよ、と私は言いたいのだ。

騒音擁護派が出て行き、ピアノの音がしなくなった！

話を元に戻そう。その後マンションの騒音はどうなったのだろう？

実は管理組合にも、Y家の擁護派という人たちがいたのだが、何と、その大半がマンションを売って出て行ってしまったのだ。

やっぱりうるさいものはうるさいもので、擁護派住民も、皆が実は本当は「うるさい、やめてほしい」と思っていたのを知ってしまったからであろう。

味方（？）が誰一人としていなくなってしまったY家から、その後非常識な時間でのピアノの音は聞こえなくなった。

どんな逆境でも負けずに必死にがんばって戦う人には、地域が、住民が、味方についてくるものなのであろう。

そのパワーに勝てるものはない。

近隣の騒音トラブルは、本当に多い

戦うのは本当に手間がかかる。その多くは死闘になる。だから言っても相手が聞かなければあきらめるのも一つの手だが、「相手が悪いのだからあきらめられない」「マンションや家を売るに売れない」という人は、今回のような手を頑張って使うしかない。だいたい、そもそもがちゃんとした法律があるのだから。

だが、事例に出てきたEさんもそうだったが、区分所有法を知っている人は本当に少ない。

使って戦える人はもっと少ない。

証拠を集められる人はもっと少ない。

そして証拠を元に勝てるように戦略の設計図を書ける人はほとんどいない。

決め手の鑑定人に協力してもらえる人は更に少ないのだ。

全然いないのが現実なのだ。

裁判では裁判官は自分がほとんどのジャンルで素人だと自覚している。

良い裁判官ほど自分が素人である自覚を強く持っている。

だから正しいか否かを検察の話を聞いたり、ジャンルごとの専門家である鑑定人の意見を聞いて決めるのである。

法律にのっとった現代的な戦い方は意外とたくさんあるのだが、それを教えてくれる法律というのは一つもないし、そういう機関もほとんどない。

簡易裁判所に相談しよう

近隣の騒音問題は、弁護士に相談するとだいたい無理と言われる。これには事情があって、弁護士はその案件だと儲からないから断るというケースが一番多い。

でも、それは弁護士さんには罪は無い。彼らも自分が稼いだ金で女房子供を養っているのだ。儲からない仕事を断るのは当然ではないか。

そして次に、前記でも書いたように、法的に有効な証拠集めが弁護士にはできないということがある。

時間をかけると、ドンドン儲からなくなるという事情もあるが、自分の専門ジャンル以外は証拠の集め方も知らない。そして鑑定人にも当ては無い。だから断るのだ。

できない仕事を受けて金だけもらう弁護士よりは断る弁護士さんの方が何倍も誠実な人

なのだ。だから恨んではいけない。

でも弁護士さんが無理と言ってもあきらめることはない。被害者が命がけで動けば協力してくれる人はいっぱいいる。

特別な法律がある場合は、違う経路で「管理者」を攻めればいいのだ。

マンションで問題が起きた場合はそこの管理者をやめさせて、自分自身が管理者になることができる。

そこまでいけば、ほとんどの場合、相手はギブアップして逃げていく。こういうケースでそこまでして戦おうとする悪者はいないから。

みなさんに勧めたいのは、身近なトラブルは**簡易裁判所**※に相談係があるので、ここをたくさん使ってほしいということだ。相談なのだから、いくらしたっていい。

ここの人たちは民事でどんな法律をどう使えばいいかをよく知っているから、意外と的確な答えが返ってくる。

トラブル解決にあたっては、善悪と、人がくれるちょっとしたアドバイスを全部重く受けとめること。決して聞き逃さないこと。でないとせっかく行く価値がない。

簡易裁判所はけっこう私が足を運ぶ場所で、親身になって話してくれるし、経験のない複雑な事件でも一生懸命調べてくれる。

※**区分所有法**……一棟の建物を区分し、その各部分を所有権の目的とする場合の所有関係を定めるとともに、建物及び敷地等の共同管理について定めた法律。

※**善管注意義務**……委任を受けた人の、職業、地位、能力等において、社会通念上、要求される注意義務。

※**暗騒音**《あんそうおん》……ある場所の特定の騒音について着目しているときに、その対象になる音がないときに周りにある音のこと。たとえば住宅で隣戸からのピアノの騒音が問題になっているとき、ピアノが鳴っていないときにも常に周辺環境からザワザワと聞こえる音が暗騒音となる。

※**簡易裁判所**……日常生活において発生する軽微な民事事件・刑事事件を迅速・簡易に処理するための裁判所。略称は簡裁。通常一審事件の管轄を有する地方裁判所に対し、請求金額が一定金額以下の民事事件や、罰金刑に該当する刑事事件などを主に担当する。

第4章

「彼氏」に金をだまし取られたOL

――借金返済に必要だと言われ……

借金返済に必要と言われて……

「半同棲していた彼氏にお金を貸してあげたんですが、突然行方不明になってしまいました。だまし取られたみたいで、すごくくやしいです。なんとかお金を取り返せないでしょうか？」

知り合いの紹介でこんな相談がきた。

弁護士や警察に相談に行ったところ、「あなた被害は五〇万円でしょ。それだったら新しい彼氏をつくってやり直したほうがいい」と言われたという。

しかし、「どうしても腹の虫がおさまらない」ということで私のところにきた。

まずは本人に会って、詳しい話を聞かなければならない。何度かメールのやりとりをして、都内の喫茶店で落ち合うことにした。

早めに着いてコーヒーを飲みながら待っていると、相談者が現れた。

疲れ切った顔である。ファッションのバランスもバラバラだ。ブランド物と安いものを混在して持っている。どうも見栄で高いものを持っている感じがする。良い悪いの問題ではない。そういうアンバランスさは結婚詐欺などに狙われやすい人の特徴なのだ。

「はじめまして」

その女性、Rさんは、現在二六歳。

挨拶もそこそこに、本題に入った。

「では、相手のことや、もう少し詳しい状況を聞かせてもらえる？」

「はい……」

「彼の年齢と職業は？」

「年は二三歳ぐらい、職業は……ホストです」

そのセリフを聞いただけで普通の人ならピンと来るだろう。騙されたのだと。深い話を聞くまでもない。

彼と出会ったのは歌舞伎町のホストクラブ。そこでナンバー2ぐらいのポジションにいた男だという。

「彼はあなたになんて言ってお金を出させたの？」

「借金があるんだけど返済が間に合わないから貸してほしい。とりあえず自分の口座に振り込んでほしいって……」

これは、詐欺師が相手から現金を引き出したいときによく使う手口である。理由もなく金を出せと言っても女も簡単には出さない。

女性は、原則として現金を出すのはイヤがる。モノが欲しいと嘘をついて、現物をプレゼントされても換金などに手間がかかる。貰ったものを持ち続けているかあげた方も気になるから、複数の人間から同じものを貰うなどの小細工も必要である。

そんなときは「借金がある」と言えば使い途を詮索されないし、一番疑われにくい。ホストが借金があるという時にはほとんどが嘘で金を貢がせるための方便である。そんなのは誰だってわかる。でも世間では常識でも「自分だけは関係ない」と思いこめる女が引っかかるのだ。

しかも、彼女の名前ではなく「ご本人様」、つまり彼自身の名前で振り込むように指示したという。それだと彼女が振り込んだという記録が残らない。電子上はまるで本人が自分の口座に金を入金しただけのように見える。会って直接金を受け渡しするのも面倒になって、離れた場所から金だけ振り込ませるという手口である。オレオレ詐欺のようなやり口だ。

「彼氏」に金をだまし取られたＯＬ

よくある、素人や不勉強な女を騙すレベルのホストやヒモらしい手口だ。

大きな経済事案の事件屋は、こんな手は使わない。証拠の痕跡がわずかでも残るのは、頭がいいと自分では思い込んでいる素人に毛の生えたホストやヒモらしい。

オレオレ詐欺なら面識はないが、面識がある相手に、この手口を使うあたりでレベルがわかるだろう。

そして彼女の外見や、どこか頼りなげな雰囲気。こういっては失礼だが、悪いヤツにカモにされそうなタイプの典型だ。

惚れた弱みで、彼女が振り込んだ金額は五〇万円。

半同棲していたといっても、彼女は昼間の仕事をしていて向こうは夕方から明け方までの仕事だから、ほとんどすれ違いの生活だ。

つきあっていた半年間、店で会う以外に、たとえば休日の昼間にデートしたことなど一度もない。実のところ本当は家に帰っていたかも定かではない。帰った形跡だけ残して同棲の芝居をしていた可能性もある。

恋人として人に紹介されたこともないので、共通の知人もいない。

彼女には気の毒だが、本当は最初から恋人同士でもなんでもなかったのだ。

本人以外は全員が騙されていると誰だってわかる。これに気がつかないのがどうかしている。頭がおかしいと思う人も多いだろう。しかし近年、このように誰の目から見ても明らかに恋人のはずがないのに貢いでしまう例が全国で多発している。

先日は出会い系サイトで知り合い、直接は知りもしない相手に億単位で貢いだ事件も報道された。馬鹿だとは思うが現代人のさびしさに付け込む犯罪は年々増加の一途だ。


「ところであなたは何の仕事をしているの？」

福祉関係の専門職、とのこと。

けんめいに勉強して資格を取り、派遣社員からスタートして、今では一部上場企業の正社員になっている。本来はまじめな頑張り屋なのだ。

幼いころ両親が離婚して母子家庭になり、ずっと働く母の背中を見て育ってきた、そんな彼女だが。

話を聞くうちに、とんでもないことがわかった。

彼女が男に金を取られたのは、実はこれが初めてではなかったのだ。実は、これも本当によくある話である。貢ぐのもDVも一度やる人間は何度も同じ間違いをする。本当は助けても助けてもきりがないのだ。

前にも、別のホストに数百万円もの金を貢いたことがあるという。そんなことがあったのに、懲りずにまたホストにハマッたのか……。母親には何も話していないそうだが、もし知ったらどんなに嘆くだろうか。

こんなケースを私はいつもだったら助けない。でも家庭事情と本人が努力家なので一度だけチャンスを与えて助けることにした。

（今回のメインテーマは、五〇万円を取り返すことじゃない。この子自身を、どう更生させるかだ）

そうはいっても、今の彼女はだまされたくやしさで頭がいっぱいだ。

まだ本質的な説教をする段階ではない。できるだけ、彼女の希望に添うようにサポートするのが先決だ。そうしないと筋の通った話さえ耳に入らないだろうから。

さしあたって、彼女が金を振り込んだという証拠を手に入れなければならない。

現時点では彼女が言い張っているだけだ。何の証拠も無い。これでは誰も相手にしないだろう。こんな状態で警察や弁護士に相談に行っても断られるのは当然である。警察も弁護士も何の罪も無い。証拠も持たずに泣きついた常識の無い彼女が悪いのだ。

「どこの銀行のどの支店からお金を振り込んだか覚えている？」

「覚えています」

「よしわかった。どこの銀行のＡＴＭにもカメラが設置されているから、あなたの映像は残っているはず。でも、とりあえずその銀行に行って事件の顛末を話して、自分の映像が残っているかどうか聞いてみてくれる？」

「はい」

本人が行方不明なら親元を洗え！

何日か経って、彼女から電話がかかってきた。

「銀行に行きました。映像は残っているし、いつでも協力しますと言ってくれました」

「そう、よかった」

「それと、銀行の人に言われてわかったのですが、私、彼の名前で振り込んだつもりが、間違えて自分の名前で振り込んでいました」

「ああ、それなら振込明細にちゃんとあなたの名前が残っているね。映像もある。振り込んだ証拠はそれでＯＫだ」

次に、相手が今まで彼女にどんなことをして、どんなふうに金を出させてきたのか時系列で文章にまとめたものを、私の事務所に持ってきてもらった。

「ところで六法全書は持ってる？」

「持っていませんけど」彼女はキョトンとしている。

「じゃあ本屋さんですぐに買ってね。で、その中から、自分がされたことが当てはまるような条文を全部抜き書きしてみて。これ、宿題ね」

なぜそういう宿題を出したのかというと、被害者が自分で勉強しないと、法律的に見て自分がどんな状況に置かれているのかが理解できないからだ。

感情的な話については気持ちはわかるが、それだけで証拠もなく論拠もバラバラのままでは警察も弁護士も助けられない。銀行だって協力できない。法律的に何が問題であるか、自分はどんな権利を主張できるのかを自分で理解してもらわないといけない。

彼女はちゃんと調べてきた。「詐欺ではないか？」と思うとのこと。

「この犯罪は、どうやったら証明できるかわかる？　詐欺罪は、本人の自白でしか証明できないことが多い。振込の明細が残っていようと、あなたがＡＴＭを操作している映像があろうと、本人が自分の口から『だますつもりだった』と言わないかぎり、詐欺としては立証できないんだ」

「そうなんですか……」

「彼氏とはコンタクトがとれる？……わけないよね」

「どこにいるのか全然わかりませんから」

「じゃあ今までつきあってきて、彼に関して知っていること、メモでも日記でもいいから、洗いざらい引っぱり出してみて。たとえば親の住所とか」

「えっと、彼の実家の住所はわかります。私の実家と同じ市内なんです。けっこう広い街なので、近所というわけじゃないですけど」

彼女はバッグの中から手帳を取り出して、パラパラめくり始めた。

「ありました。これが住所です」

彼女にあっさり実家の住所を教えていたとは、あまり頭のいい男ではなさそうだ。

「親の居場所がわかれば、話は早いよ」

「ホントですか？」

「あなたに行ってほしい所があるんだけど。法務局というところに行ってほしいんだ。そこで土地の登記簿がひけるから、それをひいてね」

男が教えた実家の住所はウソではなかった。

登記簿を調べると、家は自己所有だとわかった。簡単に地元から逃げられる状況ではない。

「一度、彼氏の実家を見に行ってごらん」と言うと、彼女はさっそく行ってきた。

「かなり大きな家でした」とのこと。

地域に根を下ろしていてそれなりに大きな家となると、世間の目もあるだろうし、息子が詐欺をはたらいたと聞いて、無視はできないだろう。

何より本人が消えてしまっている以上、交渉できる相手は両親しかいない。

本人が動かなければ、トラブルは解決しない

彼の実家に行く前に、まずしなければいけないことがある。

彼女自身が、まず彼の両親に「こういう用件で訪問したい」と連絡し、了解をとらなくてはいけないのだ。それをしないでいきなり出向き、相手の意思に反して家に足を踏み入れれば不法侵入になってしまう。

そのことを彼女に告げると、「えっ、私が電話しなきゃいけないんですか」と不安そうな声を上げた。

「そうだよ。あなたが電話して、あなたが自分で行くの。

こういうことは被害者自身が自分で動いてこそ解決確率が高くなる。

交渉相手や、協力してくれる人たちと被害者自身が積極的にコミュニケーションをとっていくことが一番大切なんだよ。望む結果を出すためには覚悟を決めなくちゃ。

一〇〇の準備をしても現実には三〇の結果にしかならない。

三〇の結果が欲しければ一〇〇の準備をしなければ」

これが準備の鉄則である。自分の欲しい結果の三倍以上の準備をしなければ思った結果の半分も得られない。

できることは全部やる。打てる手は全部打つ。

順番に一つずつやってはいけない。全部同時にやるのだ。

一つやって失敗したら、その次の手に移るというのはトラブル解決では最悪の選択である。できることを全部やって穴を残さないからこそ解決が得られるのだ。そして、それを自分でやらなくてはいけない。

私はたしかに法的な面から有効な証拠集めや、有効な相談相手の選別などの手助けはする。でも戦う当事者はあくまでも本人だ。トラブルというものは、被害者自身が本気でコトに当たらなければけっして解決しない。

「専門家に全部おまかせします。解決して下さい」

という態度ではダメなのだ。大金持ちが湯水のごとく金を出すのなら、まだ話はわからないでもない。しかし大金持ちだって自分自身で動いた方が結果は良くなるのだ。

最初のほうで六法全書を読んでもらったのも、彼女にしっかりと当事者意識を持ってもらうためでもあった。

それに、もともと弁護士法では、簡単に言うと「いかなる法律行為に関しても、本人と弁護士以外は問題を解決できない」と定められている。厳密に言えば、たとえ被害者本人の親兄弟であっても、相手の意思に反して一緒に問題解決に望めないのだ。

裏を返せば、相手の同意が得られ、本人の安全を守るための「つきそい」として、交渉事にいっさい立ち入らずに同席するのであればＯＫだ。しかし、男で、弁護士でも彼女の親族でもない私がつきそうことは、かえっていろいろな意味で相手の不信感をかきたてるおそれがある。

また、本当に弁護士が必要なケースなら私のネットワークを通じて腕のいい弁護士を頼むが、今回はそういう案件ではない。

女性一人で行って危険な目に遭うような状況でもないということで、本人に一人で行かせることにしたのだ。

もちろん、そのための準備や、当日に言うべきこと、やるべきことは全部私のほうから指示を出しておいた。

決め手は「地元で相談します」

彼女が電話すると、男の父親は動揺をみせたが、

「法律的には私たちには関係ないことですし、あなたがおっしゃったことが事実かどうかもわかりませんので、私としては何もできません」と言い放ったという。

「電話での会話はちゃんと録音した？」

「しました」

「その内容をテープ起こしして文書にすれば、警察に事件として扱ってもらうことができるよ。法律的には文書にしてはじめて証拠として扱ってもらえるからね。

でも、それだとお金は戻ってこないだろうね。刑事事件にするのとお金を返してもらうのと、あなたはどっちがいい？」

「お金を返してほしいです」

こういうとき、女性は「実」のほうを取る人が多い。実際に経済状況からすれば相手が

逮捕されても、お金が返ってこないのは母子家庭で育った娘にとっては大きなダメージだろう。

「わかった。お金を取りたいんだね。じゃあ、今回の会話のテープ起こしとか、資料一式そろえておいて、もう一度先方に電話してこう言うんだ。『私は息子さんを刑事告訴するつもりです。証拠も全部そろっているし、これをお父さんにお見せしたいので、一回お会いできませんか』って」

刑事告訴と聞いて、さすがに親のほうもあわてたらしい。「とりあえず家に来なさい」ということになった。

彼女曰く、五十代前半とみられる父親はこざっぱりとした服装で、わりあい紳士的な風貌。それより少し若そうな母親は、ハデではないが気の強そうなタイプ。彼女を迎えた二人の表情は固かった。

彼女は冷静になろうと努めながら、銀行振込の明細書と、そして録音した会話を文章に起こしたものを見せ、経緯を説明した。そして男に貸した金の返済を求めた。

だが、話を聞き終わった父親からは、最初に彼女から電話を受けた時と同じ答えが返ってくるだけ。

金を返すどころか、「私たちは何も関係ない。文句があるなら息子から取り立ててくれ。このまま黙って引き下がってくれないか」の一点張り。

「全然ダメでした。関係ない、払えないってそればっかり。そこで騒いでも近所迷惑になるので、『わかりました、今回は帰ります』って、帰ってきたんです」

もう一度会っても、同じだった。

三回目の交渉にあたって、私は新たな知恵を授けた。

「今度会ったら、『私、警察と、このあたりの相談機関に全部行こうと思います』って言ってごらん」

彼女の地元は、イコール男の両親が住む土地でもある。

私たちがよくやる方法で「たくさんの人に相談しよう」というものがある。

たとえば警察、検察、裁判所、法務局、市役所、人権団体、地元マスコミ、女性救済のＮＰＯなど思いつくところへは全部相談に行くのである。

そういう所へ相談に行けば誰かがいい知恵を持っていて助けてくれるかもしれない。本当に被害者自身が本気で動けば助けてくれる人は現れることが多いのだ。それに、そこまで真剣に動けば必ず噂が広がる。

「体をおもちゃにされて、お金も奪われて、もう私には何も残っていません。そしてようやく見つけた詐欺師の親御さんにも邪険にされた。頼るところがもう無い。助けて下さいと色んな所へ相談しに行きます、って言うんだ」

これは、必ず交渉に有利に働くはずだった。何といっても事実であるし。真実を本人が本気で相談して回れば状況が好転することは多い。

地元の多くの場所に相談に行き「助けてください」とお願いしたことは、相手の耳にも入ったようだった。

動き始めて数週間で彼女の元に連絡が入り、父親は、「あなたの銀行口座は？」とたずねてきたそうだ。

「法に助けられたかったら法を守れ（クリーンハンド）」の原則

和解金は、だまし取られたのと同額の五〇万円だった。

私が、それ以上要求してはいけないと事前に彼女に言っておいたからだ。

「あなたがすごくくやしいのはわかるし、損害賠償を取りたいのもわかる。でも、今回の事件にはお父さんはまるで関係ないし、一応協力してくれている。だから、取られたお金以上のお金を取ろうとしちゃダメだよ」

詐欺師の息子を育てた責任は親としてはあるかもしれないが、詐欺師も成人である。引っかかった彼女も成人である。本来は法的責任は親にはない。それでも事情を汲んでくれたのだ。だから、それ以上は責めてはいけない。お父さんは親として道義的な責任を負ってくれたのだ。

たとえば五〇万円の損害に対して一〇〇万円請求したとなると、後々何かあったときに、必ずそこを突かれることになる。そこはきちんとしておかなければいけない。

そしてもう一つ条件をつけた。

和解金を受け取る際には、これまで集めた銀行振込の明細書、録音テープから起こした文書などの証拠を、すべて父親に渡すこと。

何度も何度も同じネタで両親をゆすらないと安心してもらう必要もある。それがルールだ。

「今回、私や心療内科のお医者さんを含め、いろいろな人たちがあなたの法的な相談にのってくれたし、それなりのリスクをみんなが負ってくれた。その人たちの立場を考えてほしい。それができないなら私は協力できない」と言った。

善意で協力してくれた人たちに恐喝屋の片棒を担がせるわけにはいかないのだ。

彼女は半日ぐらい泣いてから、この条件を受け入れた。

最後は両親と握手して「今回は、こちらも悪いことをしました。お互いにこの件はもうなかったことにしましょう」と言って帰ってくるように、というアドバイスもした。

この案件で、なぜこういう幕引きをしたのか。

これは、あとになって相手の男が逆襲してくる可能性もあるからだ。

そのとき、「こちらには法的な根拠があり、解決方法も法律に準じたものにしている」と示せるだけの対応をしておく必要がある。

トラブル解決には「クリーンハンドの原則」というのがある。つまり「法に助けて欲しかったら法を守れ」ということだ。クリーンハンド、手を汚すなということである。

法を破っている人間が法律で守ってほしいというのは本来世界中どこの国でも認められない。アウトローは法の外の世界の住人だから法律で守って欲しいと言ってはいけないし、法の番人も守る必要はないと考えられるのだ。

この方針は、当然ながら今回も変えるつもりはなかった。

明らかに相手に非があろうとも、こちらはあくまでも法律の範囲内で勝負しなくてはいけない。法律を逸脱することはしてはいけない。

たとえば、親兄弟を連れていきなり相手の家に乗り込んだりしてはいけないし、相手の親に、被害額より極端に大きい金額を請求したりしてもいけない。

特に今回のように法的な責任が直接はない親から受け取る和解金は、あくまでも「誠意のしるし」だからだ。

彼女は私の説明を聞いて、最終的にはよく理解してくれたようだ。

そして、私に教わったいろいろなことを、ぜひまわりの人にも教えてあげてほしいと言うと、私の目を見て、力強くうなずいた。


彼女とは今でも連絡を取り合っている。

この手のホストは暴力団などとのつきあいを匂わせて、女が反撃できないように前もって脅かしているケースが多い。

だから当初は男の復讐が恐いとしきりに言っていたが、あれから一年が経とうとしている今も、その気配はまったくない。

彼女は相手の実家と同じ市内で、何の問題もなく暮らしている。

最初に会った頃とは見違えるように元気になり、バリバリ仕事をしている。

「痛い経験だったけれど、すごく勉強になった。今度は、同じような目に遭った女性のために役に立ちたい」と言い、実際に知り合いの女性のトラブルの相談を、私のところへよく持ち込んでくる。

さて、肝心の、彼女自身の「更生」の件についてもご報告しておこう。

トラブル解決のサポートをする間もそのあとも、私はしつこいくらい言い続けていた。

「彼女自身にどんな問題があったのか。

どうすれば同じ過ちを防げるのか。

そして自分のまわりの人のこと、とくに女手一つで育ててくれて、彼女の成長を楽しみにしていて、彼女の幸せを心から祈っているお母さんのことを考えろ」と。

当然のことながらホストに騙されて貢ぐなど「私が我慢すれば良い」という問題ではないのだ。ホストクラブに行ったりホストと同居するだけで、お母さんを残酷に裏切る行為だと認識させているのだ。

その甲斐あって、ホスト遊びはぴたりとおさまった。悪い男にひっかかる精神構造じたい、だいぶ改善された。

こんなに変われたのは、珍しいケースだと思う。貢がせる男を選ぶこと、殴る男を選ぶことは物凄くたちの悪い精神病だと思う。本当に治らない。彼女のケースは本当にレアケースだ。

私は和解金を勝ち取れたことよりも、不毛な世界に溺れていた彼女が、前を向いて歩けるようになったことが心からうれしい。

第5章

買い物トラブル

――「当店は絶対に不良品は扱いません」という店で

「当店は絶対に不良品は扱いません」

「クレーマー」という言葉は、今では多くの人に知られるようになっている。しかし、その正確な定義を知らない人があまりに多い。

文句を言う人がクレーマーなのではない。違法なことをするのが、クレーマーなのだ。その判断は、最終的には法の番人である警察と弁護士にしかできない。

だから、彼らに意見を聞かなければ、その相手が本当にクレーマーかどうかは判断できない。にもかかわらず残念ながら、ほとんどの企業はそれをしていない。

そのために、元々は小さなトラブルがこじれることが多々ある。

お客は必要以上にイヤな思いをするし、企業は信用を失う。さらにそのウワサが口コミで広がり、売上が落ちて企業が傾くという、最悪の事態になることも実際にあるのだ。

地方の大都市近郊に住むSさんは、三二歳の自営業者。

ある週末、新婚の奥さんと、その地方では名の知れたデパートに出かけた。

翌日は奥さんの誕生日で、アクセサリーがほしいという彼女にプレゼントを買うために、テナントの有名宝飾店に入った。

休日ということもあり、店内はかなり混雑していた。

どのショーウインドウにもカップルが張りついていて、商品を見るのも一苦労だ。

やっと手の空いた店員に頼んで、何点か見せてもらった。もちろんSさんはアクセサリーのことなどわからないので、本人におまかせだ。

「これがいいわ」

奥さんが選んだのは、十八金のペンダントだった。先端には、木の葉をかたどったペンダントヘッドがついている。

「こちらでよろしいですね。お包みしますので、少々お待ちくださいませ」

四十代と思われるやせた女性店員は、商品を手の上にのせてこちらへ示すと、そのまま奥へ引っ込んだ。

Sさんは奥に引っ込まれたことに嫌な予感もしたのだが、忙しい様子だったので、（パッと見ただけだったけど、まあ混んでるし、超有名ブランドだから間違いはないだろう）と我慢した。そしてプレゼント用に包装された商品を受け取り、家路についた。

「ねえ、これちょっと見て」

うきうきと箱を開け、ペンダントをつけて鏡を見ていた奥さんが、まゆをひそめてSさんのほうを振り返った。

「ここになんか変な線が入ってるの」

ペンダントヘッドの裏側に、黒い線が入っている。

デザインでそうなっているわけではなく、キズのようだ。アクセサリーにうといSさんが見ても明らかにわかる不良品だった。

「しょうがないな。とりかえてもらおう。明日電話してやるよ」

Sさんは、商品を買った店に、翌日すぐに電話をかけた。

電話に出てきた担当者の対応は、思いもよらないものだった。

「当店は、絶対に不良品は扱いません」

Sさんは不良品だと確信はしていたが「お前が悪い」というような決めつけるような言い方はしなかったし、責めたわけでもない。「一度商品を見てほしい」と言っただけだ。

それが、このとりつくしまのないぞんざいな対応。

メーカーの社員だったこともあるSさんは、半ばあきれた。

（どんな商品でも人間が作る以上は不良品が絶対ないなんて、ありえないじゃないか。ミスがありえないなんてお前は神か？　でも、この場でケンカしても埒があかないだろうな……）

腹立ちを抑えて「言いたいことはわかるけど、本当に変なんですよ。とにかくあなたが一度現物を見てくださいよ」と言い、二日後に訪問する約束をとりつけた。

相手は、いかにも嫌々という感じで、彼の申し出を仕方なく受け入れた。

このSさんは、実は私の知り合いである。

これまでにも、ちょっとしたトラブルで相談にのったことがあった。

今回の事件は金額も少ないし、損害賠償を請求するわけでもないので、弁護士が出てくる案件ではない。そう考えた彼は、トラブルの注意点を聞きに、私のところにきた。私が大手企業でクレーム処理の仕事を長年やっていたのも彼は知っている。

そもそもSさんの目的は、まともな商品にとりかえて、謝罪してほしかっただけなのだ。

「おかしいと思いませんか。デパートの中に店がある有名ブランドだから信用していたのに、まるでこっちの言い分を聴こうとしないんですよ」

電話でその話を聞いた私は、こうアドバイスした。

「あさって相手に会うなら、必ずＩＣレコーダーを持っていって。あくまで冷静に、礼儀正しく話すようにね。もちろん、警察で法的対応の訓練を受けた僕みたいな人間がついているなんて、言っちゃダメだよ。相手が油断していないと、こちらに有利な証拠になる発言をしないからね」

お客が悪者、うちは被害者⁉

当日、Ｓさんは私の言う通りに、小さなＩＣレコーダーを胸ポケットにしのばせてデパートへ出向いた。

売り場の奥の商談スペースと思われる部屋に通され、待つことしばし。

ペンダントを買った時の、やせた女店員が現れた。

Ｓさんが箱の中から商品を出し、「ほら、ここにキズがあるでしょう」と示すと、彼女はチラッと見るには見たが、表情はピクリとも変わらなかった。まるで「貧乏人が文句をつけに来た」といわんばかりだ。

マニキュアを塗った両手を膝の上で重ねたまま、商品を手に取ろうともせず、Ｓさんの顔をじっと見た。

そして、電話の時と同じけげんな態度で「私どもは普段は不良品の対応はしないんです」などと偉そうに言う。

「いつもは話も聞かないけど、お前の話は聞いてやるから大人しく帰れ」

ということなのだろう。その説明のために見たのだという態度を崩さない。

「うちは、きれいな商品を買いたいから正規の店で買ったんですよ。なのに、家に帰って箱を開けたらこういう商品が入っていたわけです。それでもとりかえてもらえないんですか？」

「私どもは商品に絶対の自信を持っていますので、クレームには対応していないのです」

（こいつ、日本語、通じてるのか？　たぶんマニュアルにそう言えと載っているんだろうけど、不良品を目の前にしてここまで言い張るなんて、どうかしているんじゃないか）

そう思ったＳさんだが、なんとか感情をおさえて主張を続けた。

「でも、これは誰がどう見ても不良品ですよね？」

Sさんがペンダントヘッドの裏側についた黒いスジを指さすと、

「……お客様がスジをつけられたということはないでしょうか」と責任転嫁をしてきた。

「宝石職人じゃないんだから、わざわざ自分でそんなことしませんよ！」

そんな押し問答が一〇分あまり。

Sさんもいいかげんウンザリしてきた。

こんないやな思いをさせられるのなら、最初から買わなければよかった。

「もういいから、上の人と話をしてきてくださいよ」

店員はすっと立ち上がると、部屋を出ていった。

上司は最後まで顔を見せなかったが、戻ってきた店員が、無表情に「商品を交換いたします」と言った。

そして彼女は悔しげに投げつけるようにして商品を渡してきた。

「あまりにも失礼すぎますよ。サービス業の人間とは思えない」

Sさんは、怒ってまた私のところへ電話をかけてきた。

「録音はちゃんとできた？」

「はい、全部入っています」

「じゃあ、それをテープにダビングして、デパートの店長宛てに送ろうか」

クレーム処理を誤った企業はつぶれる!

あわてたのがテープを受け取った店長だ。

すぐにSさんに電話をかけてきて、丁重にこう言った。

「私は取締役で、当店の実務のトップです。テープを聴かせていただきました。今回の件、本当にありがとうございました。彼らに関しては前から社内でも『接客業に向いていない』という声があり、調査していたところです。これを機に解雇します」と言った。

「解雇ですか?」

「悪いのは私どもですから、ご内密にお願いしますとは、とても申せません。ただ、これから総務部長と一緒にお邪魔してお詫びしたいと思いますので、そのお願いだけはきいてください」

驚いたSさん。

「ちょっと待ってください。店長さんにウチに来られても困りますし、そういう意味でテープをお送りしたわけじゃありません。解雇とおっしゃいましたが、そもそも、あんな人間ですからそれで私や妻が逆恨みされたら……」

「直接の理由はわからないように解雇します。関連会社で、接客のない単純作業でもさせますよ」

来なくていいというSさんに、店長は「どうしても」と言って、結局家にやってきた。

その時Sさんは、私が日頃よく言っていることを、店長に伝えてくれた。

「おたくも名の知れた会社なんですから、こういうことには細心の注意を払うべきなんじゃないでしょうか。サービス業なんですから」

「ごもっともです」

「私の知人でクレーム処理にとても詳しい人がいるんですが、必ず警察と弁護士に指導を受けないと、正しい対応はできないと言っていましたよ」

店長は、警察と弁護士を呼んだ研修会も実施すると約束した。Sさんが送った録音テープは「コピーして幹部に配り、今後の対策に役立てる」と言い、何度も頭を下げて帰って行った。

商品の交換と店長の謝罪で、Sさんの気持ちは一応おさまった。

この例からもわかるように、みなさんがSさんのような立場に置かれた時に、自分を守ってくれるのが会話を録音したテープだ。

実際のやりとりが一部始終再現されるので、それを聞くだけで第三者にも事実がわかるし、担当者のウソやごまかしがきかなくなる。

録音というのは非常に有効な手段で、テープをワープロで打ち直して文書にすれば立派な法的証拠にもなることを覚えておこう。


デパートのほうはといえば、Sさんの件をきっかけにクレーム処理を見直したことで、一見先行きが明るくなったようではあった。

だが、コトはそう単純にはいかなかった。

それから数年経つ今、そのデパートの経営母体はガタガタになっている。

私が後から警察に聞いた話では、ここは以前から一般客とのトラブルだけでなく、ヤクザや総会屋がらみのトラブルもずいぶん起こしていて、社内のコンプライアンス（法令遵守）がまったく機能していなかったという。

コンプライアンスの話を最近言う企業が多いがほとんど機能していない。本当の社内の実態調査は社内の人間にはできないのだ。

その結果、大口の顧客も次々に離れ、経営が厳しくなっていったのだ。

もっと早く店長が言うような対応をしていれば、手遅れにはならなかったと思うのだが。

クレーム処理は企業の要だ。

対応を誤ると、ほとんどの企業はつぶれる。

今はネットも発達しているし、「知り合いを六人たどると世界中がみな知り合い」というくらいで口コミの威力はおそろしいほどだ。いったんお客を心底怒らせれば、その情報はあっという間に広まり、多くの人に見放されていく。

繰り返すが、真のクレーマーとは、違法行為をする人間だ。

違法行為とは、たとえば現金の不当な要求、毎日押しかけて担当者に何時間も文句を言うなどの不当な時間拘束、大声や脅し文句で相手に恐怖感を与え、神経症にするような不当な交渉だ。

そういった行為をせず、常識の範囲で商品やサービスへの不満を訴えるお客は、クレームをつけてはいても、いわゆる「クレーマー」ではないのだ。

そういう人たちに対しては、とことん話し合うということが大切で、それなしに解決はありえない。これは警察も言っていることだ。

お客とのトラブルがあったら、安易にクレーマー扱いしないこと。疑わしく感じたら、必ず現場の責任者が警察と弁護士に相談すること。そして、それができる体制を社内に仕組みとしてつくること。

経営側は店長に、何よりもクレーム処理に一番時間をかけられる環境を与えるべきだし、それで目先の営業成績が下がったとしても怒らないことが大切だ。

それをしないから、ある飲食店のように、毎日やってきて営業妨害するお客にキレてナイフで刺してしまうなどの事件も起きてしまう。

とはいえ、きちんとした体制ができている企業はまだまだ少ない。店長自身の経験も浅いことが多いので、やってはいけないことをけっこうやっている。

お客にすぐ内容証明を出して敵対する企業、逆に何でも相手の言うことを聞いてしまう土下座外交スタイルの企業、どちらも悪い。

そんなことを続けていれば、どんなに有名でも歴史があっても早晩その企業はつぶれる。

その会社は、以前から相手かまわず「あなたの主張には法的根拠がない」という内容証明を乱発していたらしい。お客の話がたとえ事実であっても法的に証明されなければ相手にしないという対応を続けていたのだ。

日本は告発者に立証責任がある。だからサービスに不満を持っても、お客は、そんなことは素人だから証明できない。それを良いことに横暴なことを繰り返している会社はつぶれても仕方がない。

Sさんも不良品の交換を要求しただけで、法にはまったくふれていない。なのにまるで犯罪的なクレーマーであるかのような対応を店員はした。そういう店員が長いこと放置されていたことが、その会社の体質を表している。

クレーム対応の極意はとことん話を聞くこと

話は変わるが、外食産業もお客をクレーマー扱いすることの多い業種だ。

しかし、本当に違法かどうかは法律をわかっていなければ判断できないし、事が起きた時はその瞬間に見極めなければならない。

たとえば、店の中で「お前の対応が悪い」と騒ぎ、まわりのお客まで巻き込むような場合、これは営業妨害だ。

そういう場合は、「あなたのしていることは営業妨害です」と告知した上で、警察を呼ぶなりの対処をするべきだ。

ただしお店でお客を犯罪者扱いをしたせいでお客が怒ったという場合には、営業妨害といっても警察だってまともに相手にしないだろう。

日頃から警察や弁護士との連携で訓練を受けていれば、違法行為は瞬間的にわかるようになる。そういう場合は別室を用意し、協力者も用意しておいて、たとえば「三番にお願いします」などの符丁を決めておいて、すばやく人が集まれるようにしておくことだ。

しかし、あくまでも基本は相手が和解する気になるまで話し合うことであり、それなしでトラブル解決はありえない。

もし話し合いがとぎれたら、打ち切った方が悪いのだ。これは警察も判断基準としてはっきり言っていることである。

私は以前自動車関連用品のメーカーで営業をしていたが、そこで扱っていた商品は、ものによっては命にかかわるものだ。警察と弁護士の狭間で、自社ブランドを守るにはどうしたらいいいか、命がけでクレームに向き合ってきた。

事務の女性がクレームらしき電話を受ける。ふりむくと、もう営業マンは誰もそこにいない。そんな時、私だけが逃げるタイミングがつかめず、いつも泣きつかれては電話に出ていた。

クレーム対応の極意は、相手の話を聞くことだ。こちらからベラベラしゃべってはいけない。とにかく四時間でも五時間でも話を聞く。そうすると、相手は「もういいよ、話を聞いてくれたから」と言ってくれる。

相手の言い分に「そんなことはない」などと言っては絶対にいけない。聞いて聞いて聞いて聞いて、とことん聞いてあいづちを打つ。それだけだと怒りだす場合もあるが、とにかく相手の話をさえぎらないことが大切だ。

私は、クレームが入ると自分の仕事を押しのけて、瞬時に対応していた。それだけで

「ありがとう」「よそとは違うね」と言ってもらえたものだ。

トラブル対応の最重要ポイントはスピードだからだ。

じっくり準備してからの良い対応よりも、稚拙かもしれないが素早い対応が喜ばれることが多いのだ。それが現実だ。すぐに対応しない人間は結局逃げているだけなのだ。

クレーム処理で人と接することは、私にとっては逆に楽しかった。最後は絶対に喜んで帰ってくれるし、「これからもおたくの商品を買ってあげる」と言われると、本当によかったと温かい気持ちになったものだ。

どんな相手であれ、お客様はお客様

クレーム処理のポイントはもう一つある。

必ず、法律に合致した解決法をさぐることだ。相手の話をちゃんと聞き、心を十分に解きほぐしてから「法律的にはこうなんですが、今回の件はどうでしょうか？」と言うと、だいたい向こうは「わかった。自分も多少悪いのはわかったから。今回の件はありがとう」というふうにまとまることが多い。

クレーマーが、たとえヤクザであっても同じだ。

彼らは上の人間から「企業から金を取れ」と命じられ、クレーマーとしてやってくるらしいのだが、長い時間をかけると彼らとも仲良くなることができる。

五年ほど前まで、オレオレ詐欺集団の入社試験というか入団試験は、三週間一円も使わずに、企業を脅かして口先で金を奪い取ったり、食べた飯を踏み倒したりすることだったそうだ。

今はすべての企業が、そういう輩を警戒しなければいけない時代なのだ。

でも彼らでも、徹底的に話を聞けば少なくとも割に合わないと考えれば、タカってこなくなる。

総会屋などのプロとは一ヵ月ぐらいかけて戦うが、最後はみんな仲良くなってしまう。

実は向こうも、恨みを買うのは恐いのだ。

先日、山陰地方で一六〇センチくらいの身長の漁師一人に、包丁で一八〇センチを超える大男の武闘派ヤクザ三人が刺し殺される事件があった。恨みを買えば、こういうことが起こり得るのだ。

一ヵ月戦って決着がつく時にいつも言われたのは、「お互い恨みっこなしで」という言葉だ。「恨みなんてないですよ、仕事だから」と言うと、みんな「安心した」と言って帰っていく。

時には戦わなければならない。でも原則的にお客様はお客様。

それを理解しつつ、法律に合致した対処をしていくのが王道だ。相手も、たとえ恐喝のプロであっても警察に話が通っていることに恐れを感じているし、素人でも追い込みすぎればナイフなどで逆襲する場合があるから最後の最後は侮れないと知っている。

そういうトラブルで刺されたとしても、日本では犯人が重罪にならないので、まさに殺され損だ。

意外に思えるかもしれないが、暴力団、弁護士、警察それぞれの上層部が必ず言うのは「人の恨みを買ってはいけない」ということだ。

私は今、トラブル解決を助ける調査の専門家として活動しているが、基本姿勢は、メーカーでクレームと向き合っていた時代となんら変わっていない。

少なくとも、一般人や一般企業の間に起きる身近な事件では、どんな事件も最後は和解して手を取り合い、「これから新しい人生を歩みましょう」とならなければ、本当の解決にはならない。

その時、法律そのものにこだわることはないのだ。法律はトラブル解決の構成要素では一〇％くらいだろう。一〇％だから軽んじていいということではない。大切な要素だ。しかし法律を過信してもいけない。

大切なのは法律を武器の一つに、お互い合理的に最終的に和解までもっていくことなのだ。

いきなり裁判を起こして勝訴しても、結局は遺恨しか残らない。その前に調停を行うことが絶対に必要だ。調停なら、裁判と違ってそれほど費用もかからない。

その意味で、最初からまったく話し合いをせずに法律論を盾にして攻めていく弁護士は、最悪と言える。

それで何も解決しないのは、誰もがわかっている。その証拠に、裁判で慰謝料や賠償金を支払えと言われて払わない人間が、いかに多いことか。

法律で戦うよりも、話し合って和解することこそが究極の問題解決だ。そうすれば相手だって人間だ。必ず歩み寄ってくる。「ちょっと減額してくれ」と言われたとしても、何も払ってくれないよりはずっといいではないか。

人間同士の間に生まれたトラブルは、法律に頼りすぎず、人間的な手段で解決していくのが一番なのである。

第6章

カード詐欺

――六〇〇万円の買い物で一六〇〇万円引き落とされた！

六〇〇万円の買い物で一六〇〇万円引き落とされた!

最近、カードにまつわるとんでもない事件に対応する機会が増えている。典型的な案件の一つを次にご紹介したい。

脱サラして独立したDさん(五四歳)は、今はネットショップの経営者。輸入家具や雑貨を扱っている。

商品は海外で直接買いつけるほか、ネットであちらの代理店を通じて仕入れることもある。その場合、決済はいつもカードで行っていた。

(カード番号と暗証番号を入れるだけだから、便利で簡単だ)

そんなふうにカードを使うことに慣れきっていたDさん。しかし、その手軽さは恐ろしさの裏返しであった。

ある時、カードの請求書を開けると、本来なら六〇〇万円のところ、なんと一六〇〇万円請求されている。

問い合わせて、結局相手の代理店のミスだと判明した。しかし、相手の会社は海外であった。そして英語も通じなかった。何度説明しても意思疎通がはかれない。そうしている間に、引き落としをかけられてしまった。

しかし、口座にはお金がなく、引き落としできないということで、Dさんを信用保証協会のブラックリストに載せてしまった。

ブラックリストに載ると、すべての金融機関からの融資が止まってしまう。この案件は早急に弁護士を手配し、信用保証協会とは和解が成立した。

こういう事件は本当に多い。

最初の段階で即座に顧問弁護士を使って「これは違法行為だ」と言えばすぐに止めることができた。でも代理店とゴチャゴチャやっていて一ヵ月ぐらい過ぎてしまうと、カード会社もなめてかかってくる。不器用な手際を見て軽んじてくるのだ。

そして「こいつらは大したことないな。だから間違いであっても、いただくものはいただくよ」というわけだ。

そして、どんどん法的手段を進めてくる。

それと争おうとすると、この分野の弁護士は弁護料が高いから、すぐに二〇〇万円ぐらいは請求される。そのまま破産してしまう人もたくさんいるのだ。

カードでこのようなトラブルが起きたら、保険を申請するとかすぐ弁護士を頼むとか、すぐ金融庁に文句を言いに行くとか、手立てはたくさんあるので、とにかく早く動くことが必要だ。まさにスピードが命の案件である。

もたもたしていると、相手に法的手段で優位な立場をとられてしまう。その前に自分が動くことが必要なのである。

いずれにしても、そもそも六〇〇万円もの支払いをカードでするというのはいかがなものだろう。私に言わせれば、個人だろうと法人だろうと、そんな金額をカードで支払おうとすること自体間違っている。

手軽で便利というイメージや、マイレージなどの特典ばかりに目がいって、感覚が麻痺してしまっている人が多いのではないだろうか。

カードの便利さの裏には、一歩間違えば破産させられる危険も潜んでいることを、よく覚えておいてほしい。

あなたのカードも狙われている！

今はなんでもカードで買えて、本当に便利な世の中だ。

そんなふうに思っている人も、今、カードの誤請求によるトラブルがどれだけ多いか知ったら、たぶんちょっと考えが変わることだろう。

今、どの店でもカードで買い物をすると、レジで打ち込んだ金額で決済される。

その時に、店員が、たとえばゼロを一つ多く打ち込んでいたらどうなるだろうか。

もちろん単なる間違いの場合もあるが、カードの暗証番号が入れてあると問題が大きくなる。

その場では気がつかず、明細票が届いてからでも、発見したら一刻も早く迅速に対応しないといけない。

しかし弁護士に頼んでもすぐには動けないことが多いので、ほとんどの場合裁判で負けてしまう。そのうえ顧問弁護士として普段つきあっている弁護士でもないと飛び込みで相談しても、普通はこの手の問題は相手にされないだろう。

さらに、弁護士に相談する際に十分な証拠を揃えていないと、カード会社の迅速な対応に追いつかずに、あなたはブラックリストに入ってしまう。弁護士に相談しただけで、その段階から証拠を弁護士と一緒に揃えてもらっても遅いのだ。

仮に、その原因が犯罪に巻き込まれたものであっても、ブラックリストを消すことは簡単なことではない。

当たり前だが間違いを防ぐには、その場で金額を確認することだ。必ずレシートも一緒にもらえるはずだから、それと照らし合わせて間違いないかどうかチェックしよう。

見栄を張って、そういうことはセコいとやらない人がいるが、その見栄のせいで後々大変なトラブルに巻き込まれてしまうのだ。そもそもお金持ちと呼ばれる人ほど、こういう細かいことはしっかりしている。一般人の方が見栄を張ってチェックをしない。

向こうに悪意があり、わざと違う金額を打っていたり、領収書を書き換えるつもりでいる時は、レシートを出さないこともあるので、そういう時は訂正を要求したり、レシートを必ず請求しよう。

防衛策としては、応対した相手が少しでも挙動不審な店では、そもそもカードを使わないこと。

酔っていても違和感には敏感になり、ほんの僅かな不信感でも芽生えたらカードは使ってはいけない。

スキミングをしたり、犯罪を行う店は皆さんが思うよりもたくさんあるので、軽い気持ちでカードを使うと、ひどい目にあう恐れがある。

そもそも信用のできる知人の店や、知人からの紹介でない店に飛び込んで入らないこと。信用できると絶対の確信を持つ店以外ではカードは使わないこと。この程度は最低限しっかり行って欲しい。


たとえば、行きずりのガソリンスタンドでカードを使ったら、アルバイトが悪いやつで、スキミングの機械にかけられたというケースもある。

そうやって盗んだ情報を使ってカードを偽造され、とんでもない金額を取られてしまった人もいる。

そうした場合、たとえカードの保険があっても弁護士が必要になる。正しければ放っておいてもいいわけではないのだ。正しくても、それを戦って証明しないといけないのだ。自分が正しければ戦わなくても大丈夫というのは、そもそも甘えなのである。

なぜなら、民事裁判というのはそれぞれがお金を目当てにして、お金を武器にして争うものなので、請求側（この場合はカード会社）が、平気でこちらを訴えてくることが多々あるからだ。正しいかどうかを、お金を使って勝負をつけようとするのが民事裁判である。「どう考えてもこの請求金額はおかしいだろう」という場合も、相手はこちらを裁判にかけることができるのだ。

そうなると、お互い金の戦いになってしまう。弁護士を立てて自分も法律を勉強し、会社も休んで……とやっていると、すぐに数百万円が出ていってしまう。仕事を休むだけでも相当な損失だ。だからトラブルに巻き込まれたら瞬時の対応が必要になる。

こんな状況なので、そもそもあまりカードを使わないことをお勧めする。

もしカードを作るなら、限度額は三〇万円ぐらいにしておくといい。

たまに限度額の設定されていないカードもあるが、そういう場合は要注意。それでも、カードでステータスが保証されるから持ちたいというなら、必ず顧問弁護士をつけるべきだ。逆に言えば顧問弁護士もいないのに限度額が高いクレジットカードを持つことはリスクが大きすぎる大冒険である。

第7章

借金にまつわるこわい話

——身に覚えのない一二〇万円の借金

その1　ある日突然、サラ金から告訴状が！

身に覚えのない一二〇万円の借金

知り合いの紹介でやってきたNさんは、二九歳。両親と一緒に商店を営んでいる。すでに家庭があり、専業主婦の奥さんと幼い子供二人を養っているという。なかなか生活力のありそうな、しっかりした感じの青年だ。

彼は今、身に覚えのない借金のことで悩んでいるという。

「突然、あなたが借金を支払わないなら訴えるって通知が来たんですよ。それも、二つの会社から」

書面を見せてもらうと、「裁判期日決定通知」とある。つまり、〇月〇日までに借金を返済しなければ訴えるから、〇月〇日に裁判所へ出頭しろということである。差出人は、誰もが知っている大手消費者金融二社。負債額は、総額一二〇万円。

「そんな金額払えるわけないですよ。第一、オレ、借りてなんかいないし」

「これまで、催促の電話なんかはよこさなかったんですか？」

「今思うと家にかかってきてたみたいなんですけど、オレは出てないんです。サトウとかスズキとか個人の名前でかけてくるし、うちのヤツには用件を言わないからオレは留守だってことにして。どうせセールスか何かだと思って」

「ここでカードをつくったことは？」

「サラ金のカードなんて一度もつくったこともないし、借りたこともないです。借金ってなんか気持ち悪いじゃないですか。なのになんでこんな変な手紙が来るのかサッパリわからなくて、もう胃が痛くなるし、眠れなくなるし……」

彼は右手で自分の腹をさすった。よく見れば、確かに目の回りにはクマができ、表情に疲れがにじんでいる。

「じゃあ、身分証明書をなくしたり、人に貸したことはある？　たとえば、免許証とか保険証とかパスポートとか……」

「身に覚えないんですけど……」

私は仲間の弁護士の協力を得て、「こちらはお金を借りていないのだから、お金を借りていたという証拠をよこせ」という要求を消費者金融に対して行った。

本人は借りに行っていないのだから、先方には写真入りの身分証明書以外のもので借りているということは明白である。だから「契約書を見せろ」と要求した。サインがあれば、私たちなら裁判で有効な筆跡鑑定人も用意できる。

すると、どちらの会社もあっという間に裁判を取り下げ、借金をチャラにすると言ってきた。戦うそぶりも見せず、全面降伏だ。


では、どのようにして審査を通したのか。

答えは健康保険証を借金時だけ抜き取られていたのだ。

そして、相手がギブアップした後に契約書を返送してきてわかったのだが、担当者は、Nさんの弟に、Nさんの戸籍謄本と住民票を合わせて持参させていた。当然生年月日も住所もみんなわかっているから、それらの書類は簡単に取れてしまったのだ。

これは、明らかに最初から確信犯である。明確な犯罪行為である。

ただし会社ぐるみでやったというのではなく、担当者レベルでの確信犯という意味だ。

大手サラ金の場合には最近では会社側はここまで無茶な指示はしない。中小であれば会社ぐるみで行うケースはまだまだあるが。

よく考えて欲しい。最近は、レンタルビデオ店ですら、写真入りの身分証明書がなければ貸してくれない時代だ。健康保険証だけで借金をすることは、通常ではまずムリである。だが今回は、営業成績を上げたい担当者が、審査を通す方法を指南したに違いない。普通、素人ではそんな知恵は回らない。

身内だから告訴しない、それでいいのか？

それにしても、二七歳の今までまともに働いたことなし。その上、兄の名義で勝手に多額の借金をつくる弟を、このまま放っておいていいとは思えない。

世の中生きているだけでも金がかかる。でも稼ぐために働いていない。そういう人間は犯罪に手を染めやすくなってしまう傾向にある。

なぜなら金が必要なのに、金がない。そして、その状況を自分の努力で解決しようとしたこともない。それなら自然死を選ぶか犯罪に手を染めるしか選択肢が無いではないか。

このケースでは実の弟はもう立派な犯罪者だ。

私はNさんに「弟さんを告訴してはどうか」と勧めた。「そうすることが、実は愛情なのではないですか」と。

Nさんはこの一件が原因で精神疾患になったと明記してある診断書を取っているから、それを武器にいつでも刑事告訴することができる。

しかし、そう言うとNさんは拒否した。

「それはできないですよ。将来のある身だし、まして身内の自分が訴えるなんて。あいつも、今はちょっと道を踏み外してるけど、根はそんなに悪いヤツじゃないんですよ」

両親も同じ意見だという。どうやら今までも、何かトラブルがあるたびに、みんなで弟をかばい、もみ消してきたようだ。

甘いと思うが、本人が拒否しているのに、私が告訴を無理強いすることはできない。唯一、Nさんの奥さんだけは「それでいいの?」と文句を言ったようだが、Nさんは聞く耳を持たなかったようだ。断言してもいいが、この弟はいずれさらに大きな問題を起こすであろう。

Nさんのケースは氷山の一角だ。

サラ金の営業担当の一部には、成績を上げるために違法なことでも平気でやる人間がいる。

家庭環境などから「こいつの身内は甘そうだ」と嗅覚を働かせ、兄弟の名前を使っているかもしれない相手にも、平気で高額を貸しつける。本人が返せなくても、身内なら世間体を気にして肩代わりするだろうという腹なのだ。

弁護士費用などの問題で、泣き寝入りしている人たちが本当にたくさんいる。

大事なのは、たとえ身内であってもうかつに身分証明書や保険証のありかは教えないこと。そして何かあった場合は断固として戦い、本人にもきつくお灸をすえることだ。

でなければ絶対に借金癖は治らないし、同じようなことが何度もくりかえされるだけだろう。考えてみると、一番悲惨なのは、更生のチャンスがないまま歳を取っていく本人ではないだろうか。

その2　知らない間に保証人にされていた！

「債務の残りを支払ってください」

直接の借金でなく、保証人として結果的に借金を負わされるケースもある。

中部地方に住む五五歳の会社員Wさんは、父親の葬儀を終えてしばらくした後、銀行からかかってきた一本の電話に愕然とした。

知らない間に父親の保証人にされていて、「買った土地の債務の残りをあなたが払ってください」と言われたのだ。

父親は、現在の家が建っている土地を、銀行の融資を受けて買っていた。融資を受ける時、保証人の欄に勝手に息子の名前を書き、三文判を押して出していたらしい。

こんな方法で、不動産ローンをはじめ、さまざまな債務を身内に代わって引き継がされている人が本当にたくさんいる。

自分が知らなかったとはいえ、そこでとまどって対応が遅れると、債権者側はすぐに裁判を起こす。裁判官はたくさん案件を抱えていて忙しいので、こういうケースでは必ず和解を勧める。

また、むしろ、黙ってその残債を払うほうがいい場合もある。土地のローンであれば、払い終えればその分の価値が戻ってくるからだ。

それで、寝耳に水の借金を、しぶしぶ払っている人がかなり多い。

これはもちろん銀行に大きな問題があるが、サラ金の場合と同じく、「おとなしく言い分をのみそうな家」を選んでやっているとしか思えない。

だいたいサインの筆跡からして本人のものと明らかに違うのだから、これこそ明らかに「偽造」であり、刑事事件の対象になる。だが、多くの人は民事でなんとかしようとするから和解に持っていかれてしまう。その結果、自分が払い続けることになるのだ。

近年、このような案件はとても多い。こういう悪事の数々を誰かコンサルティングする人間がいるとしか思えない。それは法律に精通している人間であり、トラブルにかかわっているると常にある段階で弁護士が出てくることを見ると、食えない弁護士の可能性は小さくない。そして、こんな世知辛い時代には、悲しいことだが、身内には一番気をつけろ、と言いたい。

第8章

ストーカー

――裏社会の人間とつながった女の陰湿で恐ろしいストーキング

その1　ストーカー女をあやつる黒い影

たった一度のあやまちのはずが……

みなさんにとっては意外かもしれないが、今、私が見聞きするストーカー事件では、ほとんどの場合、男性が被害者で女性が加害者だ。

世間ではストーカーとは変態男が女を追いかけるものだと思われている。だけど、それはニュースになる事件であって、女性が男性を追い詰める事件も本当はすごく多いのだ。それは単なるストーカー事件だけは無い場合も多いのだ。なぜニュースでは女ばかりが被害者なのか。それは警察は男が被害者の事件をほとんど扱ってくれないからだ。

今、私が解決に向けて動いている案件も、男性からの相談だ。

四六歳のＹさんは、仕事の順調な経営者。地元ではとても信用がある。市内の一等地に建てられた豪邸で家族と幸せに暮らしている。

そんなある日。

Yさんは、仕事でかかわりのある女性に「相談がある」と言われた。

三八歳、独身。勤務態度はまじめなほうだが、これといって目立つタイプではない。同僚に対しても自分のことをあまり話さず友達を作ろうとしない暗い女性だった。

今まで何度も相談を持ちかけられていたのだが忙しいので断っていた。本当に相談に乗る時間も取れなかったのだ。しかし、あんまり断り続けているのも角が立つので、ある日、話しを聞くことにした。

相談自体はたわいもないことだった。

食事の後、その女性が飲みたいと言うのでそのまま酒を飲みに行った。

今から思えばこれが間違いだった。

酔って自分でもよくわからないうちに、彼女と関係を持ってしまったようなのだ。普段は酒に弱いつもりも無いのだが、この日は数杯飲んだだけで記憶がなくなってしまった。こんな経験は初めてだった。後から考えると飲み物に何か混ぜられていたのかもしれない。思えば彼女ばかりが積極的で押し切られるような形だった。恋愛感情もまったくない。

男女としての関係は、その一度で終わらせるつもりだった。

ところが、それまではごく普通の女だと思っていた相手がそこから豹変したのだ。Yさんをつけ回す。

毎日携帯電話に何十件も電話を入れてくる。留守番電話には、

「どうして出てくれないいんですか」

「私をもてあそんだのですか」

と恨みがましい声が入っている。

それでも無視していると、今度は自宅に狂ったように無言電話。さらに、誰かを使ってやらせているのだろうか自分でやっているのか、Yさん宅の塀にキズをつけたり、玄関先に動物の死骸を投げ込んだりと、行為はエスカレートする一方だ。これほど多くの動物をいったいどこで捕まえてくるのだろうか?

警察に相談しても、**民事不介入の原則**※があるし守りようがないと相手にされない。そもそも色恋沙汰に税金を使えない。「とにかく逃げるように」と勧められるだけ。本音では

「お前らやったんだろ?」という感じだ。

弁護士に相談しても彼らにとっては、こんなものはお金が儲かる案件ではない。それに、ストーカー事件を受任したことがきっかけで、ストーカーの矛先が、弁護士に向かう事件も多発している。まったく割に合わない事件なのだ。

一〇人の弁護士に相談をしても相手にされず断られたことから、Yさんは心身ともにボロボロになり、ついには県外に逃げざるをえなくなった。

だが、それでもストーカーは追いかけてきた。そしてまったく攻撃は止まらず……。むしろ一層図に乗ってきた。

実はこのケース、表向きは恋愛のもつれのように見えるが、実際はまったく違ったのだ。相手は裏で暴力団と組んでいた。つまり最初から金銭目的の計画的犯行だったのだ。

裏の世界の人間とつながった女が、社会的地位も金もある男性に狙いをつけて関係を持つ。以後、陰湿なストーカー行為を繰り返し、相手がギブアップして多額の金を払うまで、信じられないほどしつこくつきまとう。

今多いのは、むしろこういう計画的でシステマティックなストーカー風の恐喝事件なのだ。ちなみに、本当の恋愛がらみのストーカーの場合はどんな行動に出るか。

これはもっと恐ろしい。ストーカーとして事件化される前に、相手を即殺してしまうからだ。

金目当てなら話し合いができるが、本当のストーカーには話し合いは通じない。

裁判の判決も屁でもない。

表に出ないそういう事例が、いくらでもある。

本当に恋愛感情だけであれば金をどんなに貰っても諦めることはないのだ。解決方法が無い。

それに比べれば、金銭目的の方はまだこちらの付け入るスキがある。被害者がいなくなっては金を取れないので、ノイローゼにしようと精神的に追い込んでくる攻撃はするが、決して殺そうとはしない。自殺でもされたら金は取れないからだ。その加減をミスして被害者が自殺する例も少なくないが。

「民事不介入」の厚い壁

「殺そうとはしない」「金が目当てだから本当の恋愛感情ではない」といっても立ち向かっていくのは容易ではない。

どんなに美人局的に仕掛けられた事件とはいえ、一応ではあるが「恋愛」問題というか肉体関係がからんでいるため、警察としてはやはり「男女間の問題」としてとらえてしまう。

だから助けが無いままに戦わなければいけない状態になる。それに、この手の事件を仕掛けてくる人間はやり慣れているので、警察が介入しないと思うと安心して徹底的に攻撃を仕掛けてくる。

また、いやがらせの一環として彼らは必ず相手の所有物をこわしたりするが、男女関係がある場合は民事不介入の原則があるので、現実問題として相談をしても警察は事件にしてくれない。

実際、なんでも事件化すればいいかというと、そうとも言えない。

その結果「不倫の果てにストーカー」などと報道されたりすれば、被害者の立場によっては社会的に抹殺されてしまう恐れがある。そういう信用が大切な、スキャンダルで社会的に抹殺できる人間を特に集中的に狙って起きる犯罪でもある。

だから警察は、自らの介入によって事態が本当に良くなるか結果に確信が持てないので、「しかけるな、逃げろ」というアドバイスをする場合も多い。

だが、たとえ逃げてもこういうやつらは全国へ追いかけてくる。金づるだから逃がさないのだ。諦めずに追い詰めれば和解金として三〇〇〇〜四〇〇〇万円、上手くいけば一億円ぐらいの金が取れると見越しているから真剣である。二年に一人くらい追い込めば良い生活ができると、そのくらいのペースで戦う腹を最初からくくっているのだ。

Yさんの場合も、遠く離れた県まで逃げたにもかかわらず、相手はしつこく追いかけてきた。弁護士に相談をしても解決策は見つからない。弁護士から警察に働きかけても警察は動いてくれない。

証拠を少しずつ積み重ねていく

困りに困ったあげくに、知人の経営者仲間の紹介で私に声がかかった。

ここで私は、まず「相手の狙いは金銭にある」という事実を明確にするための、法的に有効な証拠を集めることにした。

どんなに恋愛から生まれた事件の振りをして芝居をしていても、金目当てだからボロは出る。

そうはいっても決して簡単なことではない。相手だって恐喝のプロである。今までも何度も上手くやってきた経験があるから、ここまで確信を持った大胆な行動ができるのだ。だから証拠を集め戦うには、少なくとも周囲のあらゆる機関や関係者を味方につけていく必要がある。

地味な作業の膨大な積み重ねが実を結び、「みんなで味方してこの人を助けてあげよう」となった時、効力を発揮するのが法律なのだ。

事件に簡単なものなど一つもない。警察が動けなかったように、法律的に問題があると思っても簡単には助けてなんか貰えないのだ。

けっして、はじめに法律ありきではない。いきなり「第○条違反だから逮捕しろ」などと告訴状を書いてしまうのは最悪だ。

警察にもいろいろな事情がある。そこをくみ取りながら、協力してもらえるように働きかけることが大切なのだ。

だから私は、「懇意にしているI弁護士から調査依頼を受けた大学教授です。警視庁で一〇年間訓練を受けた経験も持っています。警察の立場もわかっているから、今回はこちらが証拠集めなどの情報面を担当するので、弁護士と警察とで連携して、解決に向けて協力してくれませんか」という立場を取る。

そうやって何度も証拠を集めるたびに記録だけでも取っておいて欲しいと頼んでいく中で、少しずつ警察も動き始めてくれるのだ。

どちらが本当の悪なのか、法的に有効な証拠を積み重ねる中で、真実を理解してもらう。

そして警察が独自で捜査をしなくても逮捕可能な状態まで準備を整えないと、動いてもらえない。それも当たり前の話である。

これがもしもストーカー事件を装った恐喝事件だとわかったとしても、殺人事件やもっと大きな事件を警察署はいっぱい抱えている。それらの犯罪捜査の手を一回止めてあなたに手を貸してもらうには、警察の手間を減らす必要がある。

本当に、それが事件だとしても、凶悪な事件よりもあなたの事件を「自分が困っているから先に助けて欲しい」なんてワガママなことを言う人間を助けている余裕などは警察にも無いのだ。

ましてや、それがセックスからみだとしたら「そんなの自分で解決しろ」と言うのも当然だろう。

逆上して押しかけてきたストーカー女を監視カメラで撮影

しかし逆に、それを見越した犯罪組織の暗躍によって、セックスがらみから始まる恐喝事件が全国で多発している。

そして、一度成功した人間は同じ手口を繰り返している。

法律は弱者救済が基本である。だから男女間の問題は女が弱者という一面的な現実にそぐわない判断が今でも日本には根強くある。

そのせいでセックスがらみの事件だと男は被害者になっても簡単には助けてもらえない。

解決している事件の多くは警察に丸抱えで頼っていないケースが多い。

被害者自身が命がけで戦うことで、警察の手助けを引き出して解決に向かうことが多いのだ。

何よりも法的に有効な証拠は常に被害者の近くにあるのだ。

被害者自身が命がけで戦うのは解決の基本中の基本だ。自分が命をかけないのに他人に助けを求める人間は、その姿勢を見られてしまうので誰の力も貸してもらえない。

今回は、より弱者、それは不倫をした経営者ではなく、その奥さんや子供がすでに恐喝女から尋常ではない甚大な被害を受けていた。

精神的にもすさまじいダメージを受けていた。それを一つ一つ証拠をとって関係機関にも理解してもらえるように動いたのだ。

不倫をした経営者には手は貸せないと思っていた警察も、何の罪も無い奥さんや子供が被害を受けていることが伝わると協力してくれるようになった。

そして少しずつ、その他の関係機関も話を聞いてくれるようになった。

私たちも単に女癖が悪い男の人が地雷を踏んでストーカーに付きまとわれても、それだけでは助けて欲しいと警察や弁護士、関係機関を巻き込めない。

こうして被害者自身と弁護士や警察との連携がスムーズになったことから、相手は相当なところまで追い詰められてきた。

嫌がらせの電話やメールの記録をとり、家を壊した跡や投げ込んできた動物の死骸も写真を撮り日時を記録して警察にも提出して記録だけとってもらっていた。その下地を作っていくのだ。

こうして、逆上してYさん宅に押しかけてきたところを、監視カメラで撮影することに成功した。

この監視カメラだって普通に仕掛けたって簡単には映らない。カメラの仕掛け方も定期的に位置を変えて油断をしたところ撮影に成功したものだ。

電気屋さんに頼んで、きれいにコードを隠して監視カメラを設置するだけで満足している人がよくいるが、こんなことをしているだけではストーカー犯など絶対に撮影することはできない。

プロのストーカーは、事前に探偵や人を雇い、カメラの位置を把握し、対策を打ってくるからだ。

実戦の現場では毎日位置を変えたり、台数を急に増やしたり無限の試行錯誤を繰り返しているのだ。

証拠を明らかにして積み重ねていっても、警察は中々一度では逮捕はしてくれなかった。警察の言い分は「実害がないと逮捕できない」というものだった。二回目、三回目の撮影の際にも、まだ実害がないと、逮捕をしてくれなかった。

しかし証拠を積み重ねていったことにより、正義感のある近所の交番の警察官が個人的に「これは子供が危ない」と判断してくれて逮捕をしてくれた。

所轄の警察署全体では判断を決めかねていたのだが、警察官個人が危険を見て緊急避難的に最後は決めてくれたのだ。

この案件は書類送検され、裁判が行われ、執行猶予付きの判決が下された。

しかし、これでも懲りない女の嫌がらせは終わらない。またやってきて、逃げるYさんを車で追いかけた。本当にひき殺されそうに何度もなった。そんな危険を犯しながらビデオ撮影に成功したのだ。

これにより、ストーカー防止法が適用されて二回目の逮捕。

ストーカー防止法での逮捕など、新聞やテレビでは一言であっさり言っているので、世間一般の人は中々わからないかもしれないが、現場ではここまで死闘を戦い抜いて証拠を被害者自身が集めているのだ。

この裁判の傍聴に行ったところ、おそらくこの事件の黒幕だろう、どうみてもカタギと思えない異様な風体の男が傍聴に来ていた。

女を使って事件を仕掛ける事件屋には、麻布辺りにいるような「ちょい悪系」と田舎の不良系がいるが、ここに来ていたのは後者だった。

ヤクザに上納している美人局系の事件屋に多い人相風体なので一目でわかった。

警察が味方につけば、ここまでできる

二回目の逮捕の時には、ちょっとした騒動が持ち上がった。

ストーカー防止法は二〇〇〇年から施行されている法律だが、「これで逮捕されるケースはまだ珍しい」ということで、あるニュース番組で全国に報道されてしまったのだ。新しい法律ができると、その法律が適用される事件は珍しいので報道ネタになりやすい。これはストーカー事件に限らずいつも同じだ。

それは経験から熟知していたので「報道には気をつけてください」と警察に強く強く念を押して言っておいた。しかし警察は、それを真剣に受け止めてくれなかったのだ。

Yさんの職業や事件のあらましが世間に知られれば、今はネットの情報網がすごいので、Yさんが、どこの誰なのかがだいたい特定できてしまう。

ネットの世界の住人の調査能力は凄い。わずかな情報をかき集めて個人情報を割り出してしまう。それによって犯罪があらわになることもあるのだが、これが逆に出ると普通の

人の人生が一夜にして最悪の状態になってしまう。これではプライバシーも何もあったものではない。

Yさんは弁護士を伴い、警察に抗議に行った。

しかし警察の答えは、

「言論の自由」とか、

「うちに瑕疵はない」

「犯人を逮捕してやったのに何の文句があるのか」

「そもそもウチがバラしたなどとなぜ言えるのか？　情報を流した覚えなどない。マスコミが勝手に取材して突き止めたのではないか？」

などと言ってとぼけたのだ。

しかし、その報道番組は私が出ていたものであったので、そのニュース番組の制作者に「なぜこのような報道がされたのか？　情報源は何なのか？」を聞いてみた。

すると「今、ニュースの報道は警察の記者クラブ発表がすべてなので、情報源は警察以外ありえない」とのことだった。

そこで私が「報道に倫理はないのか？」と問うと、「警察発表は無審査である」との答えを返してきたのだ。

つまり警察官が記者クラブで発言したことは、すべてそのまま報道されてしまうという仕組みになっていたのだ。

警察は否定したが、やはり、なんと記者クラブ発表担当の広報の警察官が情報源だったのである。この一人の警察官のミスのおかげで、現場警察官の命をかけた輝かしい功績が台無しになってしまったのだ。

それも内部の人間が詳細な説明をして、被害者のプライバシーはマスコミにすべて筒抜けになっていた。

「これはひどい。こんな報道をされたら、誰もストーカーを告発できなくなってしまう。犯罪者を告発する人間がいなくなる。より犯罪者が野放しになる」

とこちらも抗議した。

それでもなお担当者の警察官はさらに逃げようとする。こんな報道が続けばレイプでも恐喝事件でも被害者が泣き寝入りする傾向はますます強くなるだろう。これを何としてでも警察に理解してもらわなければならないと思った。

より犯罪が世の中から少なくなるような仕組みで皆が動かなければならない。

ある制度、仕組みが犯罪を増やすのが明らかな場合には、それを正してもらえるようにしなければならないのだ。


そこで、私が日頃お世話になっているI弁護士に動いてくれるようにお願いをした。

I弁護士は私に「人権擁護法という法律があるので調べてみるように」というアドバイスをくれた。そして調べてみたところ、**人権擁護委員**※というものを見つけた。

それで早速Yさんに人権擁護委員を訪ねてもらうことにした。

そして調査結果などを話したところ、「これは重大な人権侵害の疑いがある」という判断を下してくれ、それで彼らは、「人権侵害としての調査に入ります」といって、早速動いてくれた。

さらに今回の一件の証拠を持って、担当警察と同じ管轄の人権擁護委員へと出向いて、事情を訴えた。

すると彼らは、

「事情は理解しました。由々しきことだが、同じ事件でも警察にはこれからも世話になる可能性がありますよね。今回は担当者個人のミスでしょうし。だからスキャンダルとして騒いだりして警察内の誰かを処分したりすることはせずに今回は警告にしておきましょう」

とのこと。

そして、法務局長が所轄の警察署の署長室に入っていき、

「次に同じことをしたらアウトですよ」

と「人権侵害警告」を突きつけてくれた。

この結果、ネットで取り沙汰されていたYさんの個人情報は、跡形もなく、すみやかに削除された。ネットのキャッシュまで消してもらえたのだ。

本当なら警察の大スキャンダルとして大騒ぎすることもできたかもしれない。でも事件を解決する仲間同士として譲ったおかげで、警察はYさんの件に関して、万全の協力体制を取るようになってくれた。

私たちも広報担当警察官のミスで彼ら警察全体を罰することなど望んでいない。

ただ被害者の情報が流れている現状を何とかしたいだけだった。

一秒でも早く、被害者や家族の生活に起きている実害が拡大する前に何とかしたかった。

これにより雨降って地固まるで、Yさんに対して「署をあげて、あなたの家族を守ります」とまで言ってくれた。警察とは強固な連携を築くことができたのだ。

またしてもストーカーが……

しかしまたしても、ストーカー恐喝屋はやってきたのである。

女はYさんに狂ったように連日連夜の脅迫電話をかけてきた。

「これはまたくるぞ」

私たちは警察に毎日のように事情を詳細に伝え、ビデオ撮影などの準備を整えて待機した。

警察は、その証拠にもとづいて女を逮捕。

すでに、彼女が拘置所に入って一年が過ぎている。

罪状から、二年八ヵ月の懲役となることもほぼ確定だろう。

「最初の時点から五年ぐらい経てば、女ストーカーも歳を取って、攻撃してくる元気もなくなるだろう」というのが我々の見解だ。

それに警察は絶対この女の悪事は許さない。

この事件でも、最初は「男女の関係があっては、自分たちには助けられないから逃げろ」と言われたし、普通はどこの警察でもこういう対応だ。

だが、今回は警察を味方につけることができた。これが、事件を解決に向かわせる上での大事なポイントになった。


今、このような女ストーカーというか恐喝屋はとても多い。

私のところへ依頼を持って来る前に、ほとんどの被害者は死に体になっている。調停にかけても和解金の相場は四〇〇〇万円前後だから、そこまで行くと、いくら高給取りとはいってても経済的に破綻する。ほぼ例外なく奥さんとも離婚する。

事件にならないので報道することもできない。そうやって世の中の闇に葬られてしまう人が本当に多いのだ。

経営者、教師、教育関係者、医者、歯医者、弁護士、政治家、役人、上場企業の取締役などが本当によく狙われている。社会的な立場があり、それを守るためにスキャンダルを隠したい人ほど狙われている。

社会的地位のある人は、たった一回の関係でもスキャンダルになる危険性があるし、それを恐れてズルズル相手にかかわっていれば、さらに泥沼にハマる。

上場企業の役員や政治家などは脅されて金を払うと、次には「その金の出所はどこだ?」と二重三重に恐喝される傾向もある。

そもそも恐喝目当ての場合には、何度も何度も繰り返し女は誘ってくる。最初から金が目当てだからセックスの際にも逃げられない証拠を押さえている。あなたを好きで迫ってくるのではない。最初から金目当てだから執拗な上に隙が無いのだ。

みなさんも十分気をつけてほしい。

※**民事不介入の原則**……ここで言う「民事」とは、刑事事件ではない事件のことを指す。何らかの事由により当事者間で言い争っている場合（民事紛争がある場合）、その争い（当事者の行為）自体は刑罰の対象とはされてはいない場合、すなわち、民事上の権利義務関係（殆どの場合は私法上の権利義務関係）につき、争っている状態を「民事事件」と言う。

このような犯罪が絡んでいない事件は、警察は紛争解決のためということであっても、直接当事者の間に入って仲裁したり、あるいは当事者双方又はいずれか一方の代理人として、話し合いなど交渉に関与してはいけないという決まりのことを「民事不介入の原則」という。

※**人権擁護委員**……人権擁護委員法（昭和二四年法律第一三九号）に基づいて、日本の各市町村に設置された公職。法務大臣が委嘱する民間のボランティア。

国民の基本的人権が侵犯されることのないように監視し、もし、これが侵犯された場合には、その救済のため、すみやかに適切な処置をとるとともに、常に自由人権思想の普及高揚に努めることをその使命とする（人権擁護委員法二条）。

その2　集団ストーカー

ある日突然、周りがストーカーに⁉

男女関係が発端でないストーカー行為も多発している。

今、よくネットを騒がせているのが「集団ストーカー」だ。

「あなたの周りで一〇〇人単位の人間が、日夜あなただけを監視して精神に破綻をきたすように追い込む」というものだ。私もこの案件は何度も扱った。

具体的には、

①いつも誰かに見張られている。じっと自分を見ている人がいる
②どちらを見ても自分を遠巻きに見ている人がいる
③自分の方を見ながらクスクス笑いながら通り過ぎる

このようなことを二四時間やられるのだ。

一見すると「偶然じゃないか？　気のせいじゃないか？」と思われるようなことが周囲で急に増え始める。だから相談をしても誰もまともに取り合ってくれない。

しかしもちろん偶然ではないのだ。いつも同じ人間がいる。いつも、そいつらが自分を見つめている。精神に破綻を来たせることが目的なのだから、あえて被害者にわかるように繰り返されるのだ。

でも本人は、なぜそんなことをされるのかわからないまま、精神的に追い込まれていく。


こういう行為をするのはどんな人間たちなのか。

だいたいの場合、ある宗教の信者たちが主役のようである。

それが明るみに出てきたのは、その集団からの内部告発が相次いだからだ。

「集団ストーカーをやらされているが、そのために自分が精神的に破綻した。もうやめたい。人を狂わせるのはもう嫌だ。そんなことのために信者になったのではない」というわけだ。

集団で一人の人を囲み、執拗につきまとうなどという異常な行為は、やっている方にも大きなストレスをもたらす。まともな神経ではやっていられないのだろう。

では、その集団は、ストーキングして相手に何をさせたいのかというと、その町から追い出すか、あるいは精神的に破綻させて自分のところの宗教に入信させて、その結果財産を寄進させる。そのどちらかだが、実際は後者のケースはあまりない。

入信させて寄進させる場合には異性を使って罠を仕掛けてくるケースが大半なので、集団ストーカーで攻めてくるケースは少ない。

集団ストーカーの目的はほとんどの場合やはり金だ。

調べてみると、その人がいなくなれば地上げが完成するというケースが多い。地主とは限らず、賃貸で住んでいる場合でもこういうことがある。

とんでもない話だが、これもなかなか法律で取り締まれないのである。

これも前記のように、丁寧に証拠を集めて関係行政を動かし安全を確保した上で、集団ストーカー行為を無視するしか方法はない。

やっかいな相手と戦う秘策とは？

私はいつも言うのだが、「犯罪の下準備に調査あり」だ。

法務局の、土地の閲覧コーナー、役所の住民票閲覧コーナー、そうしたところへ一度行ってみるといい。どう見ても普通の人間に見えない連中が、ペラペラとファイルをめくっている。

そうやってターゲットの目星をつけているのだ。

金と不動産のあるところには犯罪が起きる。成功すれば確実に回収できるから、目をつけるやつは後を絶たない。

しかも、現金は隠せても、不動産は隠せない。

防衛策としては、管理会社を作るとかして、とにかく自分の名前が出ないようにしなければ危険だ。でないと、誰を攻撃すればいいのか簡単にわかってしまう。

こういった、経費を無視して人海戦術を取ってくるような団体に対しては、弁護士を頼んでも無力だ。弁護士だと民事でしか争えないからだ。こちらは金がかかる。でも宗教団体はほぼ無償で働かせることができる人員を山ほど持っているし、ヤクザなども若い衆を投入できる。これでは勝負にならない。

こういう時こそ警察の助けが必要になる。

だが、民間の中に警察を動かせる人はあまりいない。警察ＯＢも、警察には顔が利くが、弁護士とは仲がよくないので、一体となって協力体制で動くのは難しい。

解決のためには、警察も必要だが、やはり弁護士も必要だ。その両方とコミュニケーションがとれて、しかも誰とでもうまくやっていけるような能力がないと、こうした事件の解決はうまくいかないのだ。

その先にある裁判所も、行政、法務省など、窓口という窓口を全部味方につけてから行かないと、審理さえしてもらえない。

こういうことを知った上でやっていかないと、なかなか解決には向かわない。まずは警察か弁護士に相談し、それと並行して関係機関を巻き込んでいくことだ。

とにかく自分自身で当たれる窓口は、すべて当たること。

でないと、必ず裁判所で「なぜここへ行かなかったのですか」と言われる。だからすべて行く。結果はダメでもいいから必ず行くこと。行って相談した実績作りが何よりも重要である。裁判所に「あなたはここへ行っていないから」と言い訳をさせないことが大事なのだ。

それくらいのことをやらないと裁判に勝てないし、勝っても、関係窓口のすべてを味方につけておかないと何も解決しない。

裁判所で判決を出しても執行は別になる。

たとえば養育費がもらえないとか、裁判で勝っても金はもらえないという方が実は多いのだ。

執行するには供託金が必要だったり、執行するのに必要な法的証拠は自分で集めなければならない。執行官が執行するにあたって、必要な調査費用も払わなければならない。多くの人はその費用が支払えないために、あきらめざるをえないことになる。刑事と民事は別だから、そのことで逮捕もできない。

これで泣いている人たちが世の中にはいっぱいいる。

でも、ここに書いたようなやり方をすれば、「その話は聞いています。証拠になるので警察が動きます」とできる場合も多い。できるだけ、そうなるような動き方をしていくのだ。

いろいろな事件を扱う上で、法の番人たちが一番恐れるのは、お互いに揚げ足を取られないかということだ。普段は利害が対立する部分があるので、どうしても疑心暗鬼になる部分がある。

それをクリアにしていくのが私の仕事だ。

大事なのは、彼らの職業魂、正義感を引き出すことだと思う。

「オレは警察官になりたくてなったんだから」とか「これは弁護士冥利に尽きる」とか、「志」の部分をうまく引き出すように持っていくことが肝心だ。

いろいろと段取りをつけていって、「今回、自分は一〇〇パーセント頑張れる、頑張る！」とみんなが思った時に、奇跡が起きる。

第9章

セクシュアルハラスメント

――セクハラ現場の音を録れ！

なにはなくとも、法的証拠づくり

私の事務所では、時折、まっ昼間からあやしげな光景が繰り広げられる。

女性「部長、部長はこの前、私のお尻をさわりましたよね」
私「ああ?」
女性「その上、こんなふうにスカートをめくって中に手を入れてきましたね」
私「……」
女性「セクハラで訴えますよ」
私「バカバカしい。ちょっとさわっただけやないか」
女性「社長に言いますけど、いいですか」
私「何言うとんねん。どこに証拠があるんや。小娘やあるまいし、これくらいでガタガタぬかすな」
女性「ちょっとじゃありません。イヤがってるのにしつこくさわったじゃないですか」(詰

め寄って相手をにらむ）
私「しつこくって、こんなんか。えっ」
ガサガサ（衣擦れの音）
女性「いやっ、やめてください」

言っておくが、私はこの「部長」本人ではないし、本気で彼女にさわったりもしていない。ほかのスタッフも、笑いながらそばで見ている。

実は、これはあくまでもまじめなロールプレイングなのである。

セクシュアルハラスメントを受けた女性がやってきて、相手に仕返しをしたいという場合には、何よりも大事なのは証拠づくりだ。

そして、それには多くの場合には録音しかない。

ＩＣレコーダーを用意して、セクハラの加害者と二人きりで会話を交わし、相手を逆上させてベラベラしゃべらせる。なかにはその場で再びセクハラしてくるヤツもいるので、それがはっきりわかるように工夫する必要があるのだ。

そのための練習をしているのである。特に被害者には、この芝居を通じて、録音の時には「この芝居は前にもやったことがある」と思って安心して落ち着いて振る舞ってもらうことで成功確率を上げるのだ。

何事も最初は緊張して上手くできない。だから笑ってできるくらいまでリラックスさせる必要がある。トラブルは、このリラックスのレベルが上がれば上がるほど解決確率が上がる。

またしゃべらせるだけでなく、実際のセクハラ現場の記録として成り立つように、どうすれば音だけでそれがわかるかというのを、第三者にも聞いてもらって確認する。


そもそも私の仕事は戦略的調査だ。

何を戦略的に調査するかといえば、勝つというゴールに向かうのに必要な証拠をどう集めるか、どう作って積み上げるかという調査である。そこに女性を混ぜて本番前に練習しているのである。

実は、こういうことには女性のほうが長けていて、ちょっと教えるとすぐに要領をつかむ。「革のスカートだと音がよく聴こえるんですよね」などと、いろいろ提案もしてくれる。

実際の現場では勤務中に女性の服を脱がそうとするようなやつもいる。実は大企業ほど多い。ほとんどレイプに近いと言っても過言ではない。

首尾よく録音できれば、あとは私の知人がやっている会社でテープ起こしをしてもらい、証拠書類としてまとめて自分で戦うなり、弁護士を雇うことになる。

録音内容をテープ起こしするのはなぜかというと、法的に戦う武器にするには「紙の資料」にする必要があるからだ。テープを、そのまま持ち込んでも証拠として扱ってくれない。

この場合、訴える相手は、ＯＬなら雇い主の会社、公務員なら国の機関なり自治体である。

通常は、ここまで証拠を揃えてから弁護士が代理として交渉に行くと、相手は大概「公にしないでくれ」と言ってくる。交換条件はお金なり職場環境の改善なり、それは本人との話し合いにまかせる。

その代わり「今回は弁護士が入っているから、もし彼女に圧力をかけたりしたら、交換条件は無効になりますよ。公開しますよ」とも言っておく。

私はマスコミともしっかりつながっているので、相手が不正を働けばすぐにその情報を公にすることができるからだ。大企業や行政はマスコミに情報が流れるのを恐れる。マスコミとの連携は下手な法的手段よりもずっと効果的である。

だから日々、マスコミ、特に報道の人には世の中の事件の情報を流しているし、調査依頼を受けることもある。

こちらが協力して欲しい事件の時には、積極的にいつも以上に力を入れて告発するようにしてもらう。お互いに助け合い、日々人間関係を紹介しあっているのだ。

セクハラの決着のつけ方は、本当に難しい

ただし、こういう案件には一つオチがあって、一つの事件を解決しても、セクハラが頻発するような会社はけっして直らない。なぜなら、それを容認する文化を根強く持っているからだ。

セクハラなど起きない会社ではまったく起きないし、起きる会社では永久に治らない。

そんな相手に法的手段を講じて一つの事件を解決しても、そんな会社のスケベが直るわけはない。

加害者は、たまたま運が悪かったと考えて、もっと気の弱い女性を狙うに決まっているのだ。

いや、セクハラは今では被害者は女性だけに限らない。加害者も被害者も男性のケースもあり、加害者が女性の場合さえある。今は、そんな時代だ。

だから、最初にセクハラで相談に訪れた女性には、

「あなたに魅力があるからセクハラされるわけで、それはそれで悪いことではない」と言う。

ある面、その会社に居座り続ける限りセクハラは諦めろというわけだ。男性擁護をしているわけではない。その会社に居続けるつもりなら、それくらい腹をくくらないと同じことは何度でも起きる可能性があると覚悟させないといけないのだ。

「こういう会社は直らないから、一番のポイントは、職を変えてもいいと決心がついてから法的手段に出るべきですよ」ということ。

これを必ず話す。

意外に多いのは、「その会社で仕事を続けるのはかまわない」という人。

そういう女性は、たまたまセクハラを受けたというよりも本当にモテる人で、ある意味免疫があるので、我々のような人間がついていると思えば、一度お灸を会社に据えれば後は何とかやっていける自信があるらしい。

私のところへ来る相談者の多くが、実は若くて性的経験も豊富で、セクハラに対してあまり大きな抵抗感はない。だが、されるがままというのも悔しいので、何か報復できないかと知恵を借りにくる。こんな人が一番多いのだ。

いずれにしても、本人に職を変える決心がついてからでなければ、我々は動かない。でないと、下手をすれば本人の労働環境を悪化させて、よけい女性を苦しめてしまうことになる。

私たちが戦う時には、セクハラをした人間の処分も要求する

なかには悪態をついてくるやつもいる。反省しないどころか反撃に出てくる人間や、会社もある。これ以上悪質なものは刑事事件となり、ＮＰＯなどのセクハラサポート団体で

は対応できない。

刑事事件は実害がなければ動かない。この場合、実害の証明は医者の診断書である。抑鬱症や不安神経症など精神障害がセクハラが原因のものと明記されているものがないと警察は動きにくい。

診断書を書くことについての明確な規定はない。医師が助けたいと思ったときに診断書を書く。なので、医師が助けたいと思うような態度・行動をとる必要がある。

その診断書を持っていけば警察から警告を入れてもらうことができ、会社側は刑事事件で立件をされることは避けようとするので、問題が解決に向かうことになる。

そういう時は人権擁護委員にも話を持っていき、相談の上で刑事事件化もして弁護士とも連携しながら民事と刑事の両方から攻める。さらに私たちの仲間のマスコミ部隊に報道をお願いしたりする。

よく大手商社や銀行などのセクハラ事件が週刊誌にスッパ抜かれているので、みなさんも読むことがあると思うが、あれはもしかしたら私たちが扱ったケースかもしれない。

まあ、大企業でなければ書くほどのネタにはならないが。

とにかく一番重要なのは、本人の意思である。それを確認してから弁護士が動くことが肝心だ。

でないと、開き直った相手が悪態をつき続け、会社ぐるみの嫌がらせや、その隠蔽工作の被害者になるというのもよくある話だ。大手の同族会社ではよくあることだ。

悪いやつは、弁護士が入っても、通常は民事裁判しかできないことを知っている。「民事なら金でなんとでもなる」と思っているので彼らにはこわくもなんともないのだ。極端な話で言えば、レイプをしてもレイプが一〇〇〇万円で済むのなら好みの女は犯した方が得だと考える人間もいるのだ。

それにしても、セクハラを扱うのは本当に難しい。

たとえば、本人が自分一人で人権擁護委員に証拠を提出しても、委員自体は弁護士活動はできない。つまり、彼らが証拠を取って会社に交渉に行ったら、あとは「会社を正す」ことしかできない。

しかし、女性はそれでは納得しない。

やはり、金なり、目に見えるような形で制裁を加えないとスッキリしないのだ。

そうすると、やはりいい弁護士を雇って……ということになる。

あいにく、セクハラ専門の弁護士というのは私は聞いたことがないが。それは魅力的な依頼者に我慢できず弁護士が手を付けてしまうのかもしれない。

いずれにしても一番大事なのは自分で証拠を取ること。それには録音がベストだ。

その上で、弁護士のところへ行くのもいいし、どうするかは本人の自由だ。

女はすべての常識をくつがえす存在⁉

もう少し実情を話すと、本当に深刻なケースは、私のところへは相談に来ない。誰にも相談などしないで泣き寝入りして会社をやめてしまう。早く忘れたいとすべてに口を閉ざしてしまう。

たとえば、「役員が勤務中に自分の車でホテルに連れ込む」といった悲惨なケースも多いのだが、そこまでいくと女性は被害を訴えることもできないし、まわりに言っても簡単には信じてもらえない。

逆に言えば、うちや弁護士のところへ来る人は全体の一〇パーセントにも満たないだろう。そして、その多くは職場をやめてもいいと腹が決まっている。

また、これは男からすれば考えられないことだが、そういう深刻なセクハラの被害者の中には、被害を受けた後に同意の上で加害者の愛人になってしまう人も少なくないのである。

女性とはまことに不思議なものだ。はかりしれない精神構造を持っている。だから、相談者の本心を確認してから動かないと、九九パーセントはバカを見ることになる。だから安易には私たちも手助けできない。助けた後で加害者の愛人になって反撃してくる可能性だってゼロではないのだ。

話は少しずれるが、このことに限らず、仲間内では「女はすべての常識をくつがえす存在」と言われている。女さえ使えば犯罪が上手くいくというやり方をする犯罪も増えているのだ。

今は、ヤクザ関係も総会屋も、その多くが法律で摘発できる時代になった。しかしただ一点、男女関係がからんでいると、暴力団でも犯罪行為がからんでいても、法の網をくぐることができてしまう。女がからんでいると警察も介入してくれない。

だから今はみんなこれを利用するようになっている。

プロが仕掛けたことだろうとなんだろうと、一度関係を結んでしまったが最後、法の番人は何もできなくなってしまう。

「だって、お前らセックスしたんだろ?」ということである。

そんなケースでは警察も本気で助ける気を失う。また夫婦喧嘩は犬も食わないというように、男女の仲の愛憎劇は事実が何であるかがわかりにくい。

それを利用して暗躍する事件屋やヤクザ勢力が存在する。恐喝屋、美人局。皆、女の問題から罠を仕掛けるようになってきている。なのに経営者や政治家は懲りずに簡単に女の罠に引っかかる。これは極めて助けにくい。

私たちだって、なんでもできるわけではない。

たとえば職場の部下にセクハラして相思相愛になった後に、女性がストーカー化して男が逃げた、などの事件もよくある。

しかし、そうなるともうまともな解決はムリである。

なぜムリなのか。

男にはたいてい妻がいる。法の番人は、自分たちが入って解決したとしても「夫婦は離婚してしまい、子供が路頭に迷った」というのでは困るので、扱わないで放置してしまう。

「我々が介入するとロクなことはないので、全部自分でやってくれ」となる。

人情の問題は「法律では良い答えが出るかどうかわからんでしょ、自分でやんなさい」ということだ。

では、そういうセクハラ→愛人→ストーカーのトラブルで私たちが依頼を受けた場合は、どうしているか。解決方法としては、奥さんに協力を求めるしかない。

「この二人は、しょせんこんな不純な関係なんですよ。お子さんの人生も考えたら、ここは協力してくれませんか」と頼むのである。

法律は「弱者救済」が基本なので男女だと女の方を弱者と安易に考える傾向がある。だから被害者が男だと中々助けてもらえない。

でも被害者が何の罪もない奥さんや子供である場合には、ストーカーからの攻撃によって被害を受けた場合には、ストーカー女よりも更に弱い奥さんや子供を助けましょうという論理が働くのである。

普通ストーカーは、遠からず奥さんへのいやがらせも必ず始める。その時が狙い目である。それによって受けた精神的被害によって診断書が取れれば、傷害罪も適用されるし、事件は解決に向かい始める。

ただし、この場合でもやはり夫婦関係は悪くなる。事件にかかわる過程で奥さんがどんどん知ってはいけない事実、知りたくなかった真実を知っていくからである。夫はたいていの場合、愛人とかなり大胆なことをしている。たとえば奥さんが子供と里帰りしている時に、自宅に愛人を連れ込んだりもしているのだ。

そこまでされて許せるという奥さんは、なかなかいない。奥さんが我慢をして許したとしても、旦那さんが引け目を感じたら夫婦関係が冷え切って回復しないのも本当によくある話である。

どんな事件であっても、それによって夫婦関係が冷えるケースが大半である。

たとえ私らが介入したとしても、どちらにしろ幸せにはならないのだ。

これだから不倫がらみの事件は……と、私自身もユウウツになってしまう。

そしてそこには、この国の「セクハラやりたい放題」の風土も深くかかわっているということを思うと、余計にため息をつきたくなるのである。

第10章

離婚にまつわるこわい話

――黒幕は宗教団体

その1　離婚のシナリオを書いたのは誰か？

理不尽なケンカ、そして別居へ

「結婚する時に、離婚届にも判を押しておく」

最近は、こういう契約をする人たちがけっこう多いようだ。

気をひきしめて結婚生活に臨もうという意味なのかもしれないが、お勧めできることではない。どちらかが悪くて、あるいは愛情が無くなって離婚するのは仕方が無い。でもこんな契約書や離婚届がアダとなって悪巧みをする組織に狙われて、仕掛けられた罠に苦しんでいる人も多いのだ。こんな結婚契約書や離婚届はぜひ止めていただきたい。

中国地方の資産家、Kさんからよせられた相談である。

彼は三五歳。結婚八年目の四歳下の妻との間に、一人娘がいる。

仕事で家を留守にしがちだが、奥さんが家をしっかり守ってくれているので、安心してまかせていられた。子供もスクスク育っていた。大きなケンカをしたことはないし、二人の間には何の問題もないはずだった。順風満帆だと思っていた。

ところが、ある日を境に平和な生活が一変することになる。

「あなたなんかきらいよ、だいっきらい！」

ソファに寝ころがってテレビを見ていたKさんを、妻が突然どなりつけた。

「え？　オレいま何かした？」

おだやかな性格のKさんは、彼女をどなったこともないし、もちろん暴力など振るったことなどあるはずもない。彼女の気に障るようなことを言った覚えもない。

「うるさいっ！　とにかくあなたの顔なんか見たくない！　一緒にいたくないのよ！」

いつもきちんとして身なりにも気を遣っていた妻が、髪をふり乱し、夜叉のような顔になり半狂乱になってKさんを責めたてる。タンスにしまってあったKさんの服をビリビリに破いたり、ものを投げつけたりする。

原因を探ろうにも、どんなに穏やかに語りかけても会話が成り立たないので、原因もわからない。

さすがに疲れ果てた彼が怒れば、

「ほれ見たことか！　あんたは元から、そんな男なんだ！」

と彼女のヒステリー状態はさらにひどくなる。

そんなことが何日も続き、小学生の娘も、おびえて部屋に閉じこもるようになってしまった。

ある日、ふとKさんと二人きりになった娘は「お父さん、お母さんと仲良くして」と涙を浮かべて頼んできた。

このまま親がケンカし続ければ、可愛い娘が精神的におかしくなってしまう。そう考えたKさんは、自分には非が無いと思いながらも、娘のために泣く泣く別居することを決めた。

自宅のすぐ近くに、妻と子を住まわせるための家を借りた。もちろん家賃と光熱費などはKさん持ちだ。生活に必要だろうからと車も渡して、さらに月々二〇万円の生活費を払うことにした。そのうち妻が冷静になってくれたら、また一緒に住めると考えていたのだ。

距離をおいたことでケンカもなくなり、それなりに平和が戻ったように見えた。

ところが、別居生活が始まって三ヵ月もしないうちに、妻が「あなたの送金では暮らしていけない。お金が全然足りない」と言い出した。そして「離婚したい」と言う。

送金はもっと増やして欲しいし、今のままの金額だとしても、せめて母子家庭になれば二〇万円の送金に加えていろいろな扶助も受けられるし、生活がラクになるから、というのだ。

ちなみに、その地方では、家賃と光熱費以外に一ヵ月二〇万円あれば、同居している家族が生活するのでも十分過ぎるほど多い金額である。

その時Kさんは（勝手なことを言うなよ）と思いながら、身勝手な自己主張ばかり繰り返す狂った妻に対して疲れ果てていたので、つい「そうだな、それもいいかな」と言ってしまった。

その一ヵ月後。

知らない女性から、Kさんに電話がかかってきた。

「うちの夫と、あなたの元奥さんが一緒に住んでいるらしいんですよ。うちも困っているから、なんとかしてください」

と電話の向こうで叫んでいる。

Kさんは最初は言われた内容の意味が理解できなかった。

（あいつが人のダンナと不倫か？　それに「元奥さん」ってどういうことなんだ？）

考え込んだ彼はふと思い出して青くなった。「あ！　結婚する時に離婚届を書いたかも」。実は結婚する時に離婚届を作って保管してあったのだ。署名もKさんの直筆。あれを提出されていたら、アウトである。

あれはどこにしまってあっただろう？　封筒に入った離婚届を探すが、見つからない。そして、妻が住み続けている、そして彼が家賃を払い続けている家へ行ってみると、本当に彼女は見知らぬ男と一緒に住んでいた。

「どういうことだ！」

Kさんが怒ると、妻は完全に開き直ってこう言った。

「あなたと私はもう離婚が成立してるのよ。あなただってそれでいいって言ったじゃない。何の文句があるの？」

そんな離婚届、何年前に書いた話なのだ？　と怒りを覚えたが、やはり彼女は勝手に、あの時の離婚届を提出していたのだ。

「確かに、法的には彼女の主張が正しいのかもしれません。離婚が成立したんですから。でも、こんなバカな話ってあるでしょうか？」

私との電話で、Kさんは男泣きに無念な思いをぶつけてきた。

「地元で弁護士さんに相談したんですが、一年待ちだって言われたんです。児童相談所には夫婦間の問題には介入できないと言われてしまったんです」

「ああ、そちらのほうは弁護士さんが少ないんですよね。児童相談所もそう言いますよね」

「それで経営者仲間からの紹介で平塚先生をご紹介いただいたのです」

「それで、Kさんはどうされたいですか？」

「私は、知らない間に離婚されたこともそうですが、何より娘の親権を取られてしまったことが悔しいです。勝手にわけのわからない男と住み始めて、娘のことが心配でしかたありません。なんとかこっちで親権を取れないでしょうか」

本当の黒幕は……

一時期は自殺も考えたというKさん。

彼をなんとか助けようと、私は現地へ調査に出かけた。

すると、Kさんに電話をかけてきた女も、その夫だという男も、そしてKさんの元妻も、そろって同じ宗教に入信していることがわかったのだ。「やはり！」そんなことだと思った。

これまた全国で多発している手口だからだ。

そもそも単なる男女間の問題ではなかったのだ。

手口はこうだ。

まず、Kさんのような資産家を見つけると、その奥さんに狙いをつけて、信者の女Aが近づく。親切にして、留守がちな夫に対するグチなどをいろいろ聞いてやりながら、うまく洗脳して入信させる。

この愚痴を聞く過程で多くの情報を引き出して、その情報が後で女房を口説き落とす時にも活用されるのは言うまでもない。

そして、宗教活動をする中で、Kさんの奥さんは信者の女Aの夫である信者の男Bと出会う。

信者の男Bはたいてい女の扱いに慣れた男がやることになっている。

裕福に暮らしてきた世間知らずの男っ気の無い主婦など、女慣れしている信者の男Bは難なく落としてしまう。

手練手管で惚れさせせられた挙句に信者の男Bに「一緒に暮らそう」とそそのかされる。どうやって別れるかも信者の男Bから別れ方の詳細指導が入る。そこで奥さんは、夫にケンカをふっかけて嫌われるようにする。とりあえずまずは別居に持ち込む。可能であれば離婚する。その上で信者の男Bが奥さんの家に移り住んでくる。

信者の女Aが、被害者のふりをして、資産家の夫に「うちの夫とあなたの奥さんが一緒に住んでいる」と通報する。

そこに、宗教団体の地区のリーダーのような人間が出てきて、仲裁に入ったようにみせかける。

騒ぎがおさまりかけたところで、今度は信者の女Aが資産家の夫を誘惑にかかる。夫は、ゴタゴタしているうちに二年近くが過ぎていて、その間ずっと女っ気がないから、つい女の誘惑に乗ってしまう。

結局、資産家の妻と信者の男B、資産家の夫と信者の女Aがくっついて「みんなで仲良く暮らしましょう」となり、全員が信者になってしまう――。

こんな手口は、冷静な状態であなたが聞いたら馬鹿らしいと思うだろう。でも詐欺の手口は「冷静にさせないこと」に尽きる。

オレオレ詐欺でも最大の成功の秘訣は「電話を切らせないこと」だ。

逆に言えば、電話を切って冷静になり誰かに相談すれば、まずオレオレ詐欺には引っからない。

この宗教の手口は冷静にさせないように波状攻撃で攻められて、その中で登場する人物が全部宗教関係者なので、最後は資産家も信者になってしまうのだ。

客観的に見るとバカバカしく見えるその手口も、渦中に巻き込まれたら取り込まれてしまうのだ。

資産家は詐欺に引っかからないプロではないが、この手の宗教は騙すプロなのだ。アマチュアは常にプロには敵わない。

こうして、この「宗教団体○○会」は、二つの家庭の財産と、その子供までを手中に納めるのだ。


ここでの黒幕はあくまで宗教団体本体だ。信者の女Aや男Bはコマにすぎない。

中でも信者の男Bの役をやる男というのは、財産のことまでは頭の回らないタダの女たらし。たいていが元ホストや、ヒモを若い頃からやっている人間が、この信者の男Bの役をやっていることが多い。

悪質な宗教団体は、よくこういう、昔はホストやヒモで食べていた男が、何かの拍子に食いっぱぐれたところを拾って、住居から何から与えてやって囲い込む。

元ホストやヒモなので資産家のことなどわからないし、経済事犯を自分で思いつくほど頭は回らない。

だから最初は「とりあえず女を食いまくれ」と小遣いを与えて遊ぶように指示する。目的は知らせないまま自由に泳がせ、色恋沙汰が起きるようにもっていっているわけだ。

スケコマシの信者の男Bだけでなく、女房のBもほとんどの場合にはもともと普通の夫婦ではない。男をたぶらかすのに慣れている女が配属されることが多い。

Kさんの元妻も、こんな相手にかかったらひとたまりもない。まわりの信者の協力もあって、件の男と親密になるように仕向けられていったのだろう。現に事件発覚後調べてみると、案の定、その男は過去にも三人ぐらいの人妻に同じことをしているとわかった。


相手の手口を把握したところで、私はKさんにたずねてみた。

「今、その電話してきた奥さんから迫られていませんか?」

「ああ……そういえば、そんな雰囲気を感じます」

「絶対に手を出しちゃダメですよ。それがそいつらの手口なんですから。そうやってあなたを取り込んで入信させて財産を根こそぎ奪い取るつもりなんですよ」

「は、はい。わかりました」

やつら、本当にどこでも同じことをやっている。

「こんな悪質なケースは初めてだ」

私が作成した調査報告を持って、Kさんは人権擁護委員と児童相談所と警察に相談に行くことになった。

一度断られているので、行くことを渋っていたのだが、私は大丈夫だと後押しをした。なぜ大丈夫かといえば、彼の最初の相談は、離婚についてのものであった。しかし事実は、悪徳宗教により子供ごと財産を奪い取る計画であった。その事実を伝えれば関係機関が動くことは私にはわかっていたのである。

するとやはり、「これは大変な事件だ。子供の人権を守らねば」と、すべての関係機関が協力を約束してくれた。

そのうえでKさんに、現地で動いてくれる弁護士をつけようということになった。

私がいつも協力を仰いでいる弁護士グループから、地元の弁護士会に打診をしてもらった。この事件で戦い抜き、必ず勝てる弁護士でなければKさんは救われないから、人選には最大限の配慮をした。そして地元の優秀な弁護士M氏を厳選して紹介してもらった。

知り合いを通じて働きかけることによって、「通常は一年待たされる」と最初はKさんがはね退けられたところを、あっという間にいい弁護士がついてくれたりするのだ。

いよいよ戦いが始まった。

弁護士が調査を開始したところ、Kさんの元妻と同棲していた男が、その後入籍していたのが発覚したのである。

それを知ってカンカンに怒ったのがM弁護士だ。

「こんな悪質なケースは初めてです。あとは私に任せてください」

みんなで子供を魔の手から守れ！

Kさんの娘を守るための措置も同時に進めていった。

この状況を知った児童相談所は、つねにKさんの娘に目を配るため、相談員をつけてくれた。

というのは、こんなふうに裁判でどんどん攻めてこられると、普通の人間はまず戦えなくなり、よからぬ行動に出る恐れがあるからだ。

たとえば相手の男が子供に危害を加えたりすることも本当によくあるし、殴られることもある。また性的虐待もよくあるのだ。

そもそも最初からまともな男ではない。そして男にとっては元々自分の子ではない。子供のほうも母親が父親以外の男とベタベタするのが許せない。そこへさらにストレスがかかれば、虐待に発展する可能性は十分にあるのだ。むしろ虐待しない方が珍しい。

また、一家で逃げようとすることもある。海外へ逃げられたら日本の法律が及ばなくなるので、これも防がなければならない。

このため、相談員がそばについて、逐一状況を報告してくれたのである。

また人権擁護委員は、娘が通う学校に対して「この二人（元妻と男）に関して監視するように」と、報告義務を課してくれた。

警察も「何かあったら動きますよ」と言ってくれた。

あらゆる機関がすべて連携して、「子供を助けよう」と団結したので法的には勝てる流れになっていく。後は不測の事態の暴力などを警戒して、丁寧にことを進めていくのが大切である。

法の番人と地域住民を味方につければ、こわいものなし

人権擁護委員は、本来は誰に対しても公平であるべきだが、この件では「こちらに親権があるべき」とはっきり言っている。

財産狙いの組織によって悪質な罠にかかったケースなので、Kさんのもとに子供が戻るのが子供にとって良い選択であることが誰の目にも明らかだからだ。

もう一つ忘れてはならないのは、人権擁護委員の判断と裁判所が下す判決とはイコールのことが多い。

裁判所があり、法務局があり、その管理下に警察がいる。小さい町ではどれも実質的に同じなのである。同じ所、つまり国から給料をもらっていて、たまたま配属された所の違いがあるだけだ。

その法の番人が、「親権はこちらだ」と断言できるのだから、もう証拠は固まったということだ。M弁護士もがんばってくれている。

実際はもう判決など関係ない。彼らの「負け」は見えている。

Kさんの住む人口四万ぐらいの町では、ほとんどみんな知り合いで、みんな仲がいい。そんな土地でこんな事件を起こせば、もう就職もできないし、ここで生きていくことはできない。

法律が確実に彼ら悪党を追い詰めているのだ。

これが、法律を使った、本来あるべき戦い方なのだ。

それを警察にしか相談に行かないとか、自分でインターネットで調べようともしないというのでは、人権擁護委員も取り合ってくれないだろう。

世の大半の人たちは戦いの手前であきらめてしまっているが、こうした方法があるということを知って、まわりにも広めてほしいと切に思う。

子供自身が父親を選んだ！

また、今回、Kさんの娘自身が「私、お父さんと暮らしたい！」

と言っているそうだ。

残念ながら離婚にまつわる裁判は無条件に母親が勝ちになるケースが多い。

裁判所や法律が現実を踏まえず柔軟性を失っている部分があり、単純に女性だから弱いので守らないといけない、子供は母親と一緒にいるのが幸せだろうという判断をしてしまう傾向が極めて強い。

しかし、今回のように、財産目当てで母親を口説く男と自分の母親がベタベタしているのを見て、子供も本当はどちらが悪いのか、どちらがおかしいのかを理解するのだろう。

地域も味方にすれば子供にも本当に正しいのは父親だとわかるものだ。

その2「宗教オバサン探偵団」にご用心！

宗教団体がからんだ離婚騒動には、別のパターンもある。

これもよく使われる手口なので、私が扱った事例を簡単に紹介しておこう。

浮気旅行から始まった悪夢

Fさんは、四国に住む二八歳の会社経営者。同い年の妻と幼稚園に通う子供がいる。

彼は、ある日浮気相手と温泉旅行に行ったところを探偵に写真を撮られ、それが妻の手に渡ってしまった。

赤裸々なベッドシーンまで撮られ、言い逃れは不可能だった。

妻は有無を言わせず彼を公証役場へ連れて行き、そこであらかじめ用意された書類にサインしろと迫った。

彼は、浮気が完全にバレたことでひどく動揺していたし、引け目もあったので、言われるままにサインしてしまった。

その内容はありきたりな離婚に関する取り決めで、「子供の養育費はいくら、慰謝料はいくら、回収のしかたはこう」というふうに、持っている財産のすべてを妻に渡す条件のものだった。これから彼が稼ぐであろう収入の多くも妻に奪われてしまう内容であった。

これも詐欺の一般的な手口で、動揺させて、その間に相手を操るという方法の一つだ。

Fさんが、このとき素直に従ったのは、「証書にサインしても、離婚届を出さなければ大丈夫だろう」という考えがあったからでもある。

別れたあかつきには払うのかもしれないが、現状では離婚届にハンコを押したわけではない。そして別れるつもりも無かった。だから大丈夫だろうと思っていたのだ。

ところが、その予想は見事に裏切られた。

ある日Fさんが帰宅すると、家の中の金目のものはすべて運び出され、カラッポの状態。妻も子供もいない。数千万円ぐらいあった銀行預金もすべて引き出されていた。そして、市役所には離婚届けが出されていたのである。

後でわかったのは、Ｆさんが**公正証書**※に書いたサインが使われたということだ。どうやら、証書の下にカーボン紙を敷き、その下に離婚届を敷いて、上からボールペンか何かでサインをなぞれば、離婚届の署名欄に名前が書かれるようにしていたようだ。

こんなことを、普通の主婦が一人で考えつくはずがない。

案の定、バックには宗教団体がいた。これも後から調べてわかったことだ。

実は、Ｆさんの浮気現場の写真を撮った探偵というのは、ある有名宗教団体に属する女性グループだったのだ。

彼女たちは自分たちも夫の浮気被害に遭っていて、「浮気は絶対に許せない」というタイプ。

プロの探偵や弁護士がついていて調査能力も法的知識もある。

彼女たちは、稼ぎのいい夫を持った女性に近づくと、その夫について調べまくり、浮気の証拠を手にすると「身ぐるみはがして別れてやりなさい」とたきつける。

そして、手にした財産をお布施として吸い上げていくというのが常套手段だ。

絶対勝てないとわかっている調停を起こす理由

公正証書を再びチェックしたが、これは一応、正当に作られたものである。それでも私の持論では、「いくら証拠がなくても詐欺は詐欺だ」ということになる。偽造は、やはり偽造だ。これが通るなら日本は犯罪天国だ。現に、そうなってしまっている。証拠が無いと諦めて泣き寝入りする人が多いからだ。だからこそ泣き寝入りはできない。「今回は警察が扱うべき事件だから、無理を承知で警察へ行きましょう」とFさんを促した。

その際、証拠が一つだけ見つかっていた。

奥さんが勝手に郵便貯金をおろした時、ATMだと必ずカメラに記録が残っているし、貯金通帳でおろしたなら、金額が大きいので必ず控えが取ってあるはずだ。

郵便局にそれを出してくれと頼むと、「警察の指示なら出します」とのこと。

警察と話をつなぎ、出金票の控えが手に入ると、奥さんの筆跡であることが一目瞭然だった。

再び警察へ出向くと、警察も「親族は詐欺は成立しないのだけれども、今回は離婚した相手だから、よく話し合った方がいいのではないか」という見解だった。

これはこれで警察に記録に取っておいてもらい、いずれにしても不当に離婚届を出された事実は事実だから、調停を起こそうということになった。

この件に関して判例は山ほどあり、これをやってもまず一〇〇パーセント負ける。「**公証人**は閻魔大王よりも強い」と言われているくらいで、一度公証人の前でお互いに結んだものは絶対に覆らないという常識がある。

それでも調停を起こした目的は、ただ一つ。

奥さんの住所の特定だ。これは裁判所がやってくれる。

これは絶対宗教がからんでいるはずだから（この時点までは、オバサン探偵団のことは確信はあったが推測でまだ相手の特定はできていなかった）Ｆさんの奥さんの住所がわかれば、その一味も必ずあぶりだせると考えたのだ。

そして必ず弁護士が出てくる。そいつがこの一件の黒幕だ。

黒幕の弁護士が逆ギレするまで、徹底攻撃

やがて奥さんの所在がわかり、彼女をとりまく女性グループも特定できた。

そして思った通り、相手のほうからも弁護士が出てきた。

そうなると悪の本丸に対して打つ手も出てくるのだ。

今回の攻撃は何かというと、内容証明攻撃である。

「善管注意義務」というものがある、
これは「管理者と言われる責任ある立場の人には善良な注意をする義務がある」と定められている法律である。

弁護士はその中でも最高峰に位置する管理者であり、依頼者に対して、善良な立場に立って注意をする義務がある。


ここを指摘した内容証明を何度も何度も送り続けた。相手は弁護士も含めて詐欺の一味なので、悪事については「避けたい、逃げたい、とぼけたい」という意識がある。

でも善管注意義務からすれば、そういう悪事に「気がつかなかった」は通らない。そもそも止める責任がある弁護士が、悪事の指示、指導を行っているのだから、そこには矛盾が必ず出る。

「あなたの言っていることは法律的にはわかるが、離婚届の偽造を行ったという事実は事実だ。これは警察にも確認している。弁護士としてどう思うのか？」

すると、相手は逆ギレした。

「おまえたちのやっていることは脅迫だ。そのために弁護士業務が停滞している。これ以上連絡してくるな」ということが書かれた内容証明を送ってきた。

しかし、その弁護士の内容証明には法的根拠が書かれていなかった。

その内容証明こそが、まさに脅迫なのである。

弁護士の内部規定上は、事件の裏づけを取らないでもこのような書面を送る代理行為は許されているのだが、それは弁護士の内部の話であって、一般社会ではこれは許されないことである。

法的根拠を書かない内容証明を、素人ならまだしも弁護士が送ってきたら立派な刑事事件の脅迫である。

この事実を人権擁護委員に報告した。すると彼らも驚いた。

「これは脅迫じゃないですか⁉」

と内容証明を読ませても最初は信じなかったほどだ。

しかし録音もしているので、それを合わせて提出すると、法務省も、「脅迫と言っているる弁護士の方が脅迫しているではないですか」とのこと。

その人権擁護委員の見解を内容証明にして相手弁護士に送った。すると、その弁護士は「この事件から降りる」と言ってきた。

自分だけは保身のために逃げ出したのである。

それで泡を食ったのがオバサン探偵団。今までは、その弁護士がいるから、どんな悪事も平気と高をくくっていたのだ。その担当弁護士が降りるなどということは彼女たちにとっても前代未聞のことだからだ。


結果、この事件は、元奥さん側が、子供への接見の要請や養育費の見直し、今の男性関係の有無の照会など、旦那さん側の法的手段を連続で受け続けるようになってしまった。

旦那をこらしめるつもりが大逆襲を食らい続けることになったのである。

子供はどっちの親が正しかったのかそのうち判断を下すことだろう。
親権は本当は子供自身が選ぶべきものである。

地域を味方につけ、長い間戦えば勝負はみえてくる。
しかしほんの一瞬のミスで長い間苦しんでいる男性、女性がたくさんいるのが現実だ。
両方に幸せは遠くなる。

このような男女問題は法律もなじまない。犬もくわない分野になるが、法律を悪用する奴には地域の力で対抗するしか策はなくなるのである。

※**公正証書**……私法上の契約・遺言等が法的に有効に成立した事を公証人が証明し公文書となったもの。私法上の契約書は単なる「書証（推定力）」として裁判で強い証拠になるに過ぎないが、公正証書では裁判なくしてその内容は真実とされる。

※**公証人**……公証人法に基づき、法務大臣が任命する公務員で、全国各地の公証役場で公正証書の作成、

定款や私署証書（私文書）の認証、事実実験、確定日付の付与などを行う。

第11章

いじめ

——実は弁護士が一番困る案件

いじめを誰にも言えず、とうとう不登校に

「許せない！　ぶっ殺してやる！」

いかにも体育会系の大きな体を震わせ、男泣きに目をはらして激怒しているのは、私の知人の会社経営者Yさんだ。

彼の可愛い姪っ子Tちゃんが、いじめで不登校になってしまったのだ。

ことのあらましはこうだ。

ある地方都市で祖母と母親と三人で暮らすTちゃんは、小学生の頃からずっといじめに遭っていた。

誰かに迷惑をかけたわけでもなければ、いじめたわけでもないのに、何かとからかわれ、いじめられた。

それでも明るく打たれ強い性格のTちゃんは、小学校は通いとおした。

しかし、中学になってもいじめは終わらない。そのうち特定のグループが目をつけ、毎

日のように嫌がらせをしてくるようになった。

その中身も、小学生よりもずっとタチが悪い。いまどきのイジメは直接精神的に追い込む言葉も言うし、今回の場合には暴力もあり、メールを使ったりもする。

日本中で起きているように、自殺するまで追い込むような陰湿な攻撃を二四時間体制で波状攻撃で繰り返す。

首謀者はもちろん数人のチームだが、それ以外の愉快犯のような便乗犯も多い。

それで彼女はついにダウンしてしまった。「もう耐えられない」と親に打ち明け、学校に行かなくなった。優しい子ほど親には隠すので、発見は遅れがちだ。彼女も親が知ると悲しむと思って隠してきた。


しかし、実は学校側は小学校も中学校もいじめに気づいていながら、何の対策もとっていなかった。

これは後にTちゃんの友達が教えてくれた話だ。

学校はイジメの首謀者の親が地域で有力者だということで、隠蔽はもちろんのこと、常に加害児童を贔屓するばかりか、教師までイジメをあおるようなことさえあったという。

そこで怒った家族が学校に乗り込んだのだが、学校はとぼけて、「Tちゃんが被害妄想なのではないか？　むしろTちゃんに問題があるのではないか」とまで言い放った。

イジメを隠すのみならず責任転嫁をする始末だ。

日本中でイジメの対応をすると本当に同じことの繰り返しだ。教育現場に反省はない。イジメが起きない学校では徹底して起きない。学校や教師がしっかりしているのだろう。でも起きている学校では何代も終わることがない。自殺者でも出ない限りは、その体質は知られることがないままだ。

これだから日本中で自殺者が出るのは本当によくわかる。

それに対して堪忍袋の緒が切れたYさんは、学校に乗り込んで大暴れするつもりだった。彼は本当にやる人間だ。だから私は慌てて止めた。

「気持ちはよくわかる。でも、それじゃ事件が悪化するだけだからやめたほうがいい。お茶でもいれるからゆっくり話そう」

私はYさんをなんとかなだめ、解決策について話し始めた。

いじめはなぜ隠蔽されるのか？

「いじめって、実は弁護士が一番困っている案件なんだよね」

「えっ、なんで？」

腕組みしたYさんが、不思議そうにたずねる。

「真相が表に出てこないから。学校って、一番犯罪を隠しやすい世界なんだよ。公的機関を使って探ったとしても、たとえば先生がわざと生徒の内申書の成績を下げたとか、無視したとかの証拠がとれない。そうやって教師は生徒や生徒の親を脅して口を閉じさせるのよ。これじゃ告発は無理でしょ」

「じゃあ、教師からいじめられてもほとんどの生徒は泣き寝入りってこと？」

「うん。生徒同士のいじめも同じようなもんだね。たとえそれらしき事実がわかっても、みんながよってたかって隠してしまう。子供の世界と大人の世界はルールが違うから子供は子供で隠す。教師は教師で隠す」

私は、Yさんのために、紙に図を書いて説明し始めた。

「生徒がいじめに遭うと、たいていは教育委員会に訴える。しかしここは、いじめなどの事件が起きても、実態として全然機能していないんだ。教育委員会が一番こわいのは日教組からの突き上げだからね。それに教師から教育委員会に就職したりするということもあり、実態は一心同体だから。仲間に不利な裁定をすると仲間を売ったとなるから全然問題解決に協力しない。相談をしても、それは相手に情報を与えて証拠隠滅のチャンスを提供するようなものだよ」

「ひどいもんだな」

「それに教育委員会っていうのは、みなし公務員でしょ。公務員の常で、とにかく仕事をしない。訴えられても何もしない。学校はそれも知っているから何もしないで隠蔽するし、お前は何も言うなと生徒を露骨に脅したりもするんだよ」

「ぶっ殺してやりたいね！」

Yさんはくやしそうに歯ぎしりした。私もそうだが、正義感の強い彼は、弱いものいじめが絶対に許せないのだ。

「僕も実際にものすごい数の相談を受けているけど、ほとんど場合には結局イジメを受けた生徒本人もイジメの事実を隠してしまうんだ。でないと大人の対応のせいで、逆に先生や学校内のいじめがエスカレートするから。イジメを告発された教師も隠蔽が得意だと、告発した生徒を徹底的にイジメ抜くからね」

「でも、それじゃあ、いじめられた子は永遠に救われないじゃない。ほかに助けてくれる所はないわけ？」

「大丈夫。ちゃんとある」

子供の心のケアを真っ先に考えるべし

私は「人権擁護委員・子どもの人権110番」と書き加えて丸で囲んだ。

「人権擁護委員は、証拠さえあれば強い味方になってくれる。でもね、生徒自身が告発をいやがることが多いんだ。だから、僕たちが間に入る時に一番気をつけるのもその部分なんだよね」

「告発をいやがるっていうのは、復讐される恐れがあるからだね？」

「その通り。『不穏な動きをしたら、ますますいじめられる』と本人がイヤがる。今が精神的にも限界なのだから、これ以上状況が悪化するのは誰だって怖いよね。だから、いじめに遭っている本人が、そこに第三者が介入することについてどう感じるのか、本人としては誰かに入ってほしいと思っているのか、その部分をじっくりヒアリングしなくちゃいけない。絶対に解決しなければいけないので、介入するにしても、どのように介入して欲しいかなども大人の自己満足になっては絶対にいけない」

「つまり子供のカウンセリングから入るわけだね」

「そのとおり。だけど我々はカウンセラーじゃないからプロに頼む。それは誰かというと、神経内科の先生。民間資格の、根拠のない、いい加減なものではないよ。その先生にカウンセリングしてもらうんだ。その人の診断書があれば相手を傷害事件で逮捕することだってできるし、たいていはちゃんと子供の心を解きほぐしてくれる」

これは私の経験から断言できるが、現状においては、神経内科の分野のお医者さんは全国どこでも優秀な人がいるし良い人も多い。他の分野よりも際立ってハズレが少ないのだ。さらに良い人に当たればどんな組織とも戦ってくれる。何よりも子供のことを第一に考えてくれる人が多い。

そういう人にカウンセリングしてもらうと、子供からも「お任せします。お願いします」という言葉が返ってくる。

「だからTちゃんも、まず神経内科の先生のカウンセリングから入っていこうと思う。僕のネットワークを使えば、地元の先生をすぐ紹介してもらえるから大丈夫。じゃあさっそく現地へ行く日取りを決めようか？」

「子供のいじめだから民事」は間違い！

私たちは、現地へ飛んだ。

「もう大丈夫だ。俺が何とかするから」

Yさんの顔を見て、Tちゃんも少しほっとした表情を見せた。

Tちゃんを診察した神経内科の先生はやはりとてもいい先生で、じっくり彼女の話を聞き、「何かあったら相談においで。僕が守ってあげるから」と言ってくれた。

Tちゃんを取り巻く状況に心から怒り、「裁判所の証言台に立ってもいい」とさえ言ってくれた。

東京のおじさんも来てくれた。神経内科の先生も守ると言ってくれた。

「いろんな人が本当に守ってくれるんだ」と感じれば、子供は心を開く。大人が本当に守ってくれると確信を持たないと子供は本当の話ができない。だけど多くの大人は自分の都合だけで子供に口を割らせようとする。そして中途半端な対応で子供の状況を悪化させてしまう。それは大人の自己満足だ。だから大人が本気さやその覚悟を子供に示して信用をしてもらうことが何よりも大切である。

Tちゃん本人の同意を得て、いよいよ行政への働きかけが始まった。

今回のように教育委員会も学校も徹底的に隠蔽すると決めている場合は、刑事事件にしなければ取り締まることはできない。だから、行き先は人権擁護委員だ。

最初から弁護士に頼まないのは、それだと民事裁判になって、相手が金を持っている場合には「金を払えばいいんでしょう」となり、何も解決しないからだ。それに時間もかかる。

イジメは、一気に加害者をしとめない限りはイジメをさらに悪化させるのは火を見るより明らかである。

だからイジメの加害者は即時逮捕させるなり、動き始めたらすぐに相手を徹底的にやり込めなければ被害者は絶対に救われないのだ。

弁護士が動いた場合には、弁護士は相手側の人権にまで配慮してしまうと、その重要な手段をとれない場合が多い。

本当は逮捕しなければいけないレベルの傷害事件なり刑事事件の要件でも、相手側と一度は話し合おうとしてしまう。でも今のイジメは、その話し合いのワンクッションが自殺行為になるケースが多いのだ。

だから医師の診断書と、カウンセリングの内容に基づいて私が経緯を書いた調査報告書を持参し、Yさんが人権擁護委員へ訴え出た。最近では子供問題専門の相談室も多い。

これまでYちゃんがされてきた多くの犯罪行為。自殺寸前まで追い込まれている気持ち。誰にも相談できなかったこと。

中学になっても続くいじめに、とうとう頑張り続けていた心の糸が切れたこと。

そして、あくまでいじめを隠し抜こうとする悪質な学校側の態度や加害者擁護、責任転嫁など。

それを聞き、子供の人権を何よりも大事にする機関だけに、親身になってくれた。

ここまでに準備した診断書と調査報告書を証拠として刑事告発することができる。そうなればいじめの犯人を傷害罪でつかまえることもできるのだ。事実、それも可能性として提案してくれた。

だが、Tちゃん自身の希望を一番尊重しなければいけない。

Tちゃんは、このまま元の学校に通いたいと言っている。刑事告発すれば相手を法で裁くことができるが、そうなればTちゃんは居づらくなってしまうかもしれない。

それならばもう少し穏当な解決方法を、ということで、人権擁護委員もちゃんと考えてくれた。

この機関は、警察と違って「取引」も行う。

担当者はTちゃんの通う中学校へ出向き、「おたくの学校がつぶれるのと、犯人を差し出すのとどっちがいいか」と二者択一を迫った。

学校側は泡を食った。

何しろ法務省からじきじきに通告を受けたからだ。

結局、それまでひた隠しにしていたTちゃんをいじめた犯人グループを、全員特定をして厳しい監視体制を敷き始めた。そしてわずかなイジメでも学校内で徹底的に取り締まり始めた。

教師は保身が動機で動いている。だから隠蔽をしていたのだ。でも今回は隠蔽を止めることが保身につながると考えたから、自分が罰せられない選択をとった。

少しでも状況が悪化したらすぐに加害者は逮捕するということも明確に学校側にわからせた。そして、その時には教師もただでは済まないとしっかり自覚させたのだ。

遺恨を残さずハッピーな結末に

今回の案件のポイントは、まず第一に神経内科の先生の協力を得たことだ。

これが民間のカウンセラーだと、腕も不確かな上に、いくらコメントをもらってもまったく法的に有効ではないので役に立たない。

民間のカウンセラー資格など、そのほとんどが勝手に独自団体が始めている物で、悪質なものだと数週間とか数日の講習を受けて免許が発行されてしまう。

そんなものなど法的には何もできないのだ。腕だってあるのかどうかわかったものではない。むしろ精神状態が悪化する可能性も大きい。

本当に失敗が許されない事態には、しっかりプロを頼み、その上で「いじめが原因で抑鬱症になった」という関連まで書いた医師の診断書があって初めて刑事告発が可能になる。

その先生が入ってくれて、人権擁護委員と連携を取ったからこそ解決した。

これが単純に証拠を揃えて警察に告発ではダメなのだ。警察だと誠実な警察官であっても、後のことを考えないで犯人たちを即逮捕してしまうので、Tちゃんは恨みを買って学校に行けなくなるかもしれない。不誠実な癒着で動かない場合にはもっと問題があるが。だから人権擁護委員子供専門の部隊を頼り、そこが診断書をタテに学校を更生させるという流れをつくった。

こういうしくみがある事実を、ほとんどの弁護士は知らない。弁護士はここで裁判所へ行き、短絡的に民事裁判を起こしてしまう。

そうなれば相手はラッキーだ。地元の名士で金は持っているので、本当は事情をしっかり調べたいがゆえに民事裁判を起こしたのに、「金の亡者め、くれてやる」とばかりに親は慰謝料を払い、Tちゃんが学校へ戻ればまたいじめが更に凶悪化して再開する。

あるいは裁判を仕掛けてきて、「あいつは金が目当てだ」という噂だけを喧伝して金も払わずにイジメを凶悪化させる。

金を払ったんだから免罪符だ。倍払えば倍イジメてもいいのかと開き直る奴も多い。民事とは、そういうものだ。

だから刑事としてやるのだ。そして人権擁護委員のしかるべき部隊に適切な証拠を渡せばこういう解決ができる。

このことを、子供のいじめに悩んでいる、あるいは相談を受けている全国の人たちに知ってもらいたいと思う。

では、解決の手順をもう一度復習しよう。

いじめで子供がＳＯＳを出してきたら、最初からいきなり人権擁護委員へ駆け込んでもダメである。それは証拠がないから。

まずは子供を神経内科に連れて行き、先生に診てもらうこと。その際は日記あるいは写真など、「過去と現在の差がわかる資料」を持っていく。

そしてイジメが原因で抑鬱症が発症したという関連を書いた診断書を書いてもらう。

そして、子供の了解もちゃんと得た上で、診断書と経緯を書いたレポートを持って人権擁護委員へ行く。また、こちらの意向を伝える。

後はその人たちが、しかるべき処置をとってくれる。

この時に中心になって動くのは、親なり親戚なり、子供の身内が一番いい。

今回も私はTちゃんには一度も会っていない。「東京のおじちゃん（Yさん）が解決したんだよ」という形にする、これも私たちの仕事なのだ。そうすれば一族もハッピー、守られていると感じられて子供もハッピーではないか。

また今回の処置なら、いじめた子供たちの方も改心すれば復活可能だ。

「中途半端に警察沙汰にして恨まれて刺されてしまった」などという話も子供は短絡的、直情的に動くことも多いのでありえるし、こうしたトラブルの場合も、解決のプロセスで遺恨を残さないことが絶対条件になる。

本格的に警察を入れるなら、即少年院なりに入れてもらうか、加害者の転校などの措置は最低限必要になる。もちろん反省の無い加害者であれば、そこまで追い詰めないといけない場合はもちろんある。

でもできることならばみんなハッピー。これがプロのやり方なのである。

Tちゃんのその後だが——

それまでは「自分もいつイジメに遭うか、いつ矛先が自分に向くか」と不安を覚えていた女の子の集団もイジメの首謀者がいなくなったため、「人をイジメる理由」がなくなったせいか、その後ちょっかいを出してくることはなくなったようだ。

Tちゃんは、今では仲の良い友達もできて安心しながら学校生活を楽しんでいる。

第12章

不動産賃貸トラブル

——いきなり「出て行け」と言われて

いきなり出て行けと言われて

私が可愛がっている後輩の話である。

ある日突然電話が来た。住んでいるマンションの大家さんだと言う。

初めて声を聞いた。どうもいきなり出ていって欲しいとのことだそうだ。

こんな理不尽な話を聞かなければいけないのかと憤慨して、私のところに連絡をしてきた。

マンションを売りたいから出て行けという。引っ越し代とか次のマンションを借りる金も出す気がないらしい。

極めて悪質なケースだ。

実は、こういう問題は最近頻発している。不動産に関しては法律が整備されているのだが、賃貸不動産は高騰していて、入居している住居から突然出て行けと通知がくることが多い。その内容も裁判をちらつかせて保証内容はまったく表記されていない。つまりなにも保証しない、面倒がいやなら出て行けということである。これは大手不動産会社でも行われている。いや大手不動産の方がよくやる手口である。

営業成績に困った担当者が行っていることが多い。

この業界は競争が激しく、多少危ない橋でも渡らないと、すぐ家主は他の不動産会社に移ってしまうからだ。

しかし弁護士に相談してもニッチもサッチもいかないのが現状であるのが驚愕の事実である。

弁護士は現場へ調査に出向かないから、法的に有効な証拠を手に入れることができない。それは現場にまで出向くには、よほど大きな事件でないと儲からないという問題があるが、それは決して責められない。彼らも仕事だから。

従って、その状況なりにわかることだけで判断してしまう。

本当は、相手側の不動産業者が違法な要求をしているだけなのに、弁護士の目の前に現状あることだけを見て物事を判断してしまう。その結果、ただの保証金額のキャッチボールになってしまうのだ。

不動産業者はそんなものには慣れているので、弁護士を手玉にとって時間を引き延ばし、採算があわないとにらんだ弁護士は事件担当を辞退してしまう。

不動産においては不動産屋の本籍地なので、弁護士を手玉に取る悪質な不動産屋は少なくない。

この悪の連鎖で、一般人は「弁護士に頼んでも無理なのか？」すなわち自分は法律では守られないのではないかと誤解する。そして落胆し、だまされている人が結構多いのが驚愕の現実である。

悪徳不動産屋は、弁護士が受任しないと見越した上で仕掛けているのだ。

行政の鉄拳制裁が有効

不動産は許認可ビジネスである。

このような悪のやからには行政の鉄拳がもっとも有効だ。

可愛がっている後輩なので、私とは日常的に色々な話をする。

普段持ち歩いているカバンにも、証拠押さえのための録音機材も携帯電話につなぐコードも、デジタルカメラも積んである。だから「どうも変だ」と最初の段階で気が付き会話を録音していた。

それによって後輩は相手の違法の証拠を、すでに最初の一発目の大家の電話で押さえていた。

その証拠を持った上で、このような悪質業者には「あんたの要求の法的根拠を示せ」と要求をする。

そもそも法的根拠など無いとわかっているのだ。

最初に電話をかけてきたのも、文書だと証拠が残ると考えて証拠を残していないと高をくくっている卑怯な手口なのだ。


そもそも裏で糸を引いている不動産業者は弁護士法違反でもある。

法律上不利になってしまう行動を、自分が表に立ってリスクを負いたくないから大家自身にやらせているのだから。

でも最初の段階から録音をしているので、すでに証拠は押さえているのだ。

この手の大家は、不動産屋の言いなりになってやっているだけの単純な人も多いので、

「〇〇不動産にやれと言われた」と裏事情を自白してしまうケースも多い。

今回の場合もそうであった。

今回、後輩には本人に自分自身で動いてもらった。

弁護士や認定司法書士は相手の人権にも配慮してしまうからだ。

相手は明らかに悪なのに、有資格者は相手にも配慮してバランスを取ってしまうので、こちらが不利になってしまうことが多い。

こういう場合には本人自身が動いた方が良いケースも多いのだ。

特に今回のように相手が一方的に悪く、最初から証拠が残っているケースなどには自分で動く方がいい結果になることも多い。

悪にはきついお仕置きが必要だから、後方援護に有資格者をつけ、本人にきつめの内容証明を送ってもらう。

相手がさらに違法行為をしてきたら、一気に行政処分を行ってもらう。

たいていは「法的根拠を示してください」と相手に通知すると、何事もなかったように半年分の家賃を保証しますと言ってくる。とぼけていた卑怯な大家も、こちらが法律に詳しいか誰かに相談したと察するからである。

法律では**居住権**※が強い。向こうの都合で出て行くことを要求するのであれば「半年から一年の保証」なのだ。

半年分を保証すると言っても、卑怯なことをしておきながらまだ最低分の保証で抑えようとしていたのだ。

それに実は相手が出て行って欲しいと言っても出て行く必要もない。

次の大家に家賃を払い継続的に住み続ければいいだけでもある。

それは大家が次の買い手に引き継げばいいだけである。

だから相手の違法行為の最初の文章を明確に示して合法範囲で値段を決定してもらう。

弁護士がこのように経済事情としても実態として対応できていない案件は、世の中にたくさんある。おそろしいことである。

このケースでは、最終的には一年分の家賃保証と引っ越し代をもらうことに成功した。

私は経営者仲間を支援して、賃貸での横暴と戦うこともあるし、経営者仲間の大家さんに対して、本当に支払いが難しい場合には話し合いの場を設けて折衷ポイントを見つける時もある。

でも不法行為をしてしまうと後でかえって不利になる。

不勉強な人を威圧して小銭を儲けても、そのうちに勉強家や専門家に当たったら痛い目を見ることになる。

※**居住権**……家屋の居住者が継続して居住できる権利。

おわりに——証拠調査士《エビデンサー》・平塚俊樹からのメッセージ

最近は、テレビで法律番組が高視聴率を上げているようです。

しかし残念ながら、テレビの法律番組で仕入れた知識は、実際のトラブルの現場ではほとんど役に立ちません。

テレビの法律番組では、本当の事件で一番大変な証拠を集める部分が、全部ドラマ仕立てで司会者、ゲスト、弁護士の前で明らかにされます。

でもトラブルの現場で最も大変なのは、まさにその「証拠」を集めることなのです。

そしてテレビ番組のように映像で証拠が残っていることはありません。

だから原告、被告が持つ、それぞれの断片的な証拠で「事実はこうだったんです」と裁判官を、それぞれの主張で説得していかなければいけません。

むしろテレビの法律番組での大きな問題は、あそこまで映像で証拠が残っているのに弁護士軍団なる方々の判断が違うことです。あそこまで証拠が明らかなら、普通は裁判を現在進行形でやっていて今の裁判傾向を知っている弁護士なら、判断は割れません。しかし、それでは番組が成り立たないので、面白くするために演出をしているに過ぎません。

すべての事件の顛末を録画してあるのであれば、実際には裁判はほとんど必要ありません。

あんな証拠が無いからこそ裁判が必要になるのです。

少し考えればわかることですが、実際のトラブルの現場ではテレビカメラですべての経過を録画して証拠で残すなんてことは不可能です。

例えば、あなたはヤクザにからまれている最中にビデオカメラを回せますか?

奥さんと離婚につながる喧嘩をしている時にビデオカメラを回せますか?

ご近所とトラブルになっている最中でも、子供がイジメに遭っている時でも、そんな風に普通は証拠を残せないものです。自分の子供がイジメに遭っていたら、親なら何よりもまず飛び込んで子供を守るでしょう。

物理的にも心理的にも、証拠を集めるのは大変で難しい作業なのです。

テレビでは、弁護士が法律的に戦う部分しか出てきません。

しかし、実際には法律的に戦うという段階よりも前に、まずは法的に有効な証拠を集める作業に膨大な労力と時間がかかるのです。それをしないと勝つことはできません。なぜなら、それをしないで裁判に臨んでも、相手が有効な証拠を持っていたら、法的な解釈をどんなに述べても無駄だからです。


多くの日本人は、弁護士がこの証拠集めに関しても専門家であると勘違いしているのです。

日本以外の多くの国では、証拠集めの専門家は証拠を集める仕事をします。そして弁護士などの法の番人は、そうやって集められた証拠を武器にして戦うのです。それが国際的には常識です。しっかり分業されているのです。

つまり、日本では証拠集めの専門家の存在がそっくり丸ごと抜け落ちているのです。

依頼者が持ってきた情報だけで「あーでもない。こーでもない」と頑張って戦っているのです。そこから新たに証拠を集める作業は存在していません。

しかし、弁護士を責めることはできません。証拠集めのトレーニングなど一度も受けていないし経験がないのですから。また弁護士には弁護士法で提案営業は新たな係争を増やすとして禁じられてもいるのです。

また、ドラマやバラエティ番組を作るマスコミが、まずトラブルの現場を理解していません。だから、先に述べたような弁護士番組や、高級温泉旅館に美人秘書と泊まりながら証拠を集めるサスペンスドラマなどを作ってしまうのです。

実際にテレビで取り上げられるような弁護士の使い方をしたら、一〇〇〇万円以上あっても採算が合いません。

しかし普通の人にとっては、テレビでやっていることは「実際はそういうものだろう」と思ってしまいますので、それで現実と乖離したイメージが作られてしまっているのです。

そもそも法律とはなんでしょうか？

みなが幸せに生きるための道具の一つではないでしょうか。法律を厳格に適用したらなんでもかんでも取り締まる恐怖国家になってしまい、みなが幸せに生きることができなくなり、本末転倒となってしまいます。

だから実際は、法律違反でも軽微なもので誰にも迷惑をかけていないものであれば（例えば、誰も見てない田舎道で夜中に立ちションベンをしたとか…）、それである日突然警察が踏み込んできて逮捕というようなことは日本では起きません。

また、裁判所も行政機関も、原則はそういう判断で動いているのです。


この本でご紹介したように、トラブルが起きた時には地域の人をはじめとした多くの味方をつけて、みんなのパワーで解決していくのです。

そこではもちろん法律はとても大切です。最低限備えるべき武器ではあります。決して破ってはいけません。しかし実際には法律的にあなたが正しくても、簡単に勝てるものではないのです。たくさんの人を味方につけて協力しながらでないと勝てません。

「証拠調査士（エビデンサー）」――証拠を収集する調査を行う職業は呼び方こそ違えど、海外では法の番人より社会的地位が上のことが多いのはこのためなのです。

証拠を集めて、皆が協力して問題解決をする土台を作るので、社会的評価が高いのです。

まさしくエビデンサーがトラブル解決のキーマンとなるのです。

しかしながら、日本では弁護士法という法律があり、なかなかこのような職業は芽を出してきませんでした。だから世の中ではなかなかトラブルが解決できないで悪がはびこるようになってしまいました。

本当であれば、私はずっと一般社会からは隠れているつもりでした。秘密にしていれば、この仕事のマーケットは私だけの独占状態だったからです。

でも今の日本の現状は到底見過ごせない状態になってしまいました。

だから私は「もう隠しておけない」と、この本を書く決意をしたのです。

この本は本当に多くの人たちの汗と涙の塊です。苦しみ、まさに死闘を戦い抜いたノウハウの結晶です。

この本のノウハウを多くの人が本当に実行して使ってくれることで、日本がもう一度世界一安全な国と言われるようになることを願っています。

是非あなたも、まずはあなたの家族や仲間を守るエビデンサーになって周りの人たちを助けてあげてください。

最後に、こんな我が強く、ワガママな私を育てあげてくれた多くの弁護士さん、刑事さん、そして、いつも私を支えてくれる仲間たちに感謝いたします。

今の自分があるのは皆さんのおかげです。ありがとう。

平成二〇年六月吉日

エビデンサー　平塚俊樹

平塚俊樹（ひらつか としき）
証拠調査士（エビデンサー）武蔵野学院大学客員教授

大学卒業後、大手不動産会社と東証二部上場メーカーに勤務。
在職中、営業職ながらクレーム処理も担当する中、暴力団もかかわるあまりにも悪質な事件が多発したために、警察の暴力団対策課にて対応トレーニングを積む。
そして、その対応能力の高さから、たった一人で悪質クレームの全てに数年間対応することになる。

その後、自ら欠陥住宅を買ってしまったことにより、６人の弁護団を組んだ大手ゼネコンを相手にこちらの弁護士も逃げ出すほどの死闘を演じ、最終的に完全勝利。これらの経験からトラブル解決のノウハウを確立する。

また、同様のトラブルを抱える人たちへのアドバイスを通じて連携、共闘する中、弁護士、弁理士、医師、鑑定人など、各ジャンルの専門家との間に人脈が広がり、そのネットワークは、アメリカ、ヨーロッパ、アジア、アフリカといった海外にまで及んでいる。

これまで数千件にものぼるトラブルを解決に導き、現在も相談・依頼がひきもきらない。

※著者ウェブサイト…http://www.yojinbo.jp/
※電話による問い合わせ・相談は一切受け付けておりません

視覚障害その他の理由で活字のままでこの本を利用出来ない人のために、営利を目的とする場合を除き「録音図書」「点字図書」「拡大図書」等の製作をすることを認めます。その際は著作権者、または、出版社までご連絡ください。

Law より証拠（ロウヨリショウコ）

2008年7月22日　初版発行

著　者　　平塚俊樹
発行者　　仁部　亨
発行所　　総合法令出版株式会社
〒107−0052　東京都港区赤坂1−9−15
日本自転車会館2号館7階
電話　03−3584−9821㈹
振替　00140−0−69059
印刷・製本　中央精版印刷株式会社

ISBN978−4−86280−076−3

落丁・乱丁本はお取替えいたします。
総合法令出版ホームページ　http://www.horei.com